SERMENTS

PRÊTÉS A STRASBOURG EN 842

PAR

CHARLES-LE-CHAUVE,

LOUIS-LE-GERMANIQUE,

ET LEURS ARMÉES RESPECTIVES.

Se trouve, à Paris,

Chez Delaunay, libraire, galeries de bois, Palais-Royal.
Treuttel et Wurtz, libraires, rue de Bourbon, n° 17.
Delalain, libraire, rue des Mathurins, n° 5.

AVIS.

Le relieur placera la planche gravée en regard de la page 1, et le grand tableau à la fin du Mémoire.

SERMENTS

PRÊTÉS A STRASBOURG EN 842

PAR

CHARLES-LE-CHAUVE,

LOUIS-LE-GERMANIQUE,

ET LEURS ARMÉES RESPECTIVES.

EXTRAITS DE NITHARD, MANUSC. DE LA BIBL. DU ROI, n° 1964;

TRADUITS EN FRANÇOIS,

AVEC DES NOTES GRAMMATICALES ET CRITIQUES,
DES OBSERVATIONS SUR LES LANGUES ROMANE ET FRANCIQUE,
ET UN SPECIMEN DU MANUSCRIT;

Par M. DE MOURCIN,

MEMBRE DE LA SOCIÉTÉ ROYALE DES ANTIQUAIRES DE FRANCE, etc.

~~~~~~~~~~

A PARIS,

DE L'IMPRIMERIE DE P. DIDOT L'AINE,

IMPRIMEUR DU ROI.

1815.

(2)
~~~~~~~~~~

INTRODUCTION.

Depuis la renaissance des lettres, plusieurs savants se sont livrés avec succès à l'étude du moyen âge; mais, toujours occupés des monuments latins, presque tous ont dédaigné le langage rustique (*lingua rustica vel romana*), que nos pères ont parlé pendant plus de huit siècles, et qu'on doit regarder comme le passage de la langue de Virgile à celle de Racine et de Fénélon. A peine quelques hommes ont daigné le suivre dans ses changements continuels; aussi on voit les autres errer à chaque pas, soit qu'ils veuillent traduire ce langage qu'ils n'entendent point, soit qu'ils traitent de l'origine de notre langue actuelle ou de sa grammaire.

Je n'entrerai point ici dans de longs détails pour prouver son utilité; les esprits sages savent l'apprécier : je me bornerai à faire connoître d'une manière exacte le plus ancien monument que nous ayons dans cette langue : je veux parler des serments que Louis-le-Germanique et l'armée de Charles - le - Chauve prêtèrent à Strasbourg en 842. Les mêmes serments furent faits en langue francique par Charles et l'armée de Louis. Je les rapporterai aussi : ils me serviront à expliquer les premiers, dont ils ne sont que la copie. D'ailleurs, comme les uns et les autres ont toujours été mal lus et mal entendus, je crois utile de remettre, autant qu'il sera possible, dans son intégrité cet ancien et précieux monument (1).

Publié par Bodin en 1578, ce fragment de notre ancienne littérature a été cité et commenté depuis par un grand nombre de savants. Fréher est le premier qui en a donné une dissertation; elle parut au commencement du XVIIe siècle, et se trouve dans le *Rerum germanicarum aliquot Scriptores.* C'est la seule qu'on puisse citer jusqu'à l'année 1751, que Bonamy fit de ces serments le sujet d'un long et intéressant mémoire; mais peu familiarisé avec les principes de la langue romane, cet académicien distingué n'a pas même su toujours profiter des leçons de ceux qui l'avoient précédé.

J'ai donc cru pouvoir remettre l'ouvrage sur le métier; j'ai revu le manuscrit, je l'ai collationné avec grand soin, et, après en avoir fait la traduction, j'ai donné la valeur, la prononciation et l'étymologie de chaque mot; ce qui m'a conduit à plusieurs règles générales sur la grammaire et la

----

(1) Nithard nous a conservé ces serments dans les deux langues. Malheureusement on ne les trouve que dans un seul manuscrit. Ce manuscrit est à la Bibliothèque du Roi, sous le n° 1964. Jadis il faisoit partie de celle du Vatican. Le n° 419 n'est qu'une copie de celui-ci, faite dans le XVe siècle. La place des serments y est laissée en blanc.

formation de notre vieux langage. J'ai été souvent minutieux ; mais j'ai dû l'être pour combattre l'erreur, et j'ose espérer que ce foible travail ne sera pas sans utilité.

Je saisis cette occasion pour témoigner ma reconnoissance à messieurs les conservateurs de la Bibliothèque du Roi, qui ont bien voulu me confier avec la plus grande obligeance les ouvrages dont j'avois besoin. Je dois aussi des remerciements à mon savant confrère M. de Roquefort, pour avoir bien voulu mettre à ma disposition la planche du spécimen dont il avoit orné son glossaire, et me permettre d'y faire les changements que je croirois convenables.

TABLE

DES AUTEURS CITÉS.

Astruc (Jean). Mémoires pour l'histoire naturelle de la province de Languedoc. Paris, 1737.

Pag. 506. *Texte roman, avec traduction latine interlinéaire. Le même texte répété et traduit en languedocien.*

Bodin (Jean). Les six livres de la République. Paris, 1578.

V^e liv., vers la fin. *Texte roman, avec traduction françoise.*

Boecler (Jean-Henri). De rebus sæculi à Christo nato IX, et X, per seriem, Germanicorum Cæsarum commentarius. Argentorati, 1656.

Pag. 121. *A l'imitation de Fréher, Boecler met les deux textes en interligne l'un à l'autre; mais il ne donne ni notes ni traduction.*

Bonamy (Pierre-Nicolas). Mémoires de l'Académie des inscriptions et belles-lettres.

Tom. XXVI, p. 638. *Texte roman, avec traduction interlinéaire en latin et en langage du XIIe siècle (1); traduction françoise, notes, dissertation.*

____

(1) M. Champollion a cru que cette traduction avoit été faite dans le XIIe siècle.

Borel (Pierre). Trésor de recherches et antiquitez gauloises et fançoises. Paris, 1655.

Vers le milieu de sa préface, *Borel cite les deux textes très incorrectement, et en donne la traduction françoise.*

Bouquet (Dom Martin). Recueil des historiens des Gaules et de la France. Paris, 1749.

Tom. VII, pag. 27, liv. III (de Nithard.) *Les deux textes, très incorrects.*

Ib., pag. 35. *Textes et dissertation de Fréher.*

Bullet (Jean-Baptiste). Mémoires sur la langue celtique. Besançon, 1754.

Tom. I, pag. 23. *Texte roman, avec traduction françoise. Explication des mots, dont un grand nombre, selon Bullet, viendroient du celte !*

Cange (Charles Du Fresne, seigneur du). Glossarium ad scriptores mediæ et infimæ latinitatis. Editio secunda. Parisiis, 1733.

Tom. I, pag. 39 de l'ancienne préface. *Texte roman, avec traduction latine. Notes sur quelques passages.*

En marge on trouve des variantes presque toutes tirées de Bodin.

Champollion-Figeac (J.-J.). Nouvelles recherches sur les patois. Paris, 1809.

Pag. ix de la préface, pag 156. *Texte roman, avec traduction françoise.*

Chesne (André du). Historiæ Francorum scriptores à Pipino Caroli m. imp. patre, usque ad Hugonem-Capetum Regem. Lutetiæ-Parisiorum, 1636.

Tom. II, p. 382. *Textes et dissertation de Fréher, à quelques variantes près.*

Cordier (Edmond). Recherches historiques sur les obstacles qu'on a eus à surmonter pour épurer la langue françoise. Paris, 1805.

Pag. 51. *Commencement du serment de Louis; texte, et traduction françoise.*

Court-de-Gébelin (Antoine). Monde primitif. Paris, 1778.

Tom. V. Explication du frontispice à la suite du discours préliminaire. *Texte roman, avec traduction françoise.*

Daniel (Gabriel). Histoire de France. Paris, 1713.

Tom. I, pag. 668. *Texte du premier serment en langue romane, avec traduction françoise. Le père Daniel a suivi Du Cange, à quelques variantes près.*

Duclos (Charles Penot). Mémoire de l'Académie des inscriptions et belles-lettres.

Tom. XVII, pag. 171. *Texte du premier serment en langue romane, avec traduction françoise.*

Dupleix (Scipion). Histoire générale de France. Paris, 1631.

Tom. I, pag. 481. *Texte roman, avec traduction françoise.*

Eckhart (J.-Georges d'). Commentarii de rebus Franciæ orientalis. Wiceburgi, 1729.

Tom. II, pag. 354. *Textes interlinéaires l'un à l'autre comme ceux de Fréher, avec une traduction latine assez bonne.*

Fauchet (Claude). Les OEuvres de feu M. Claude Fauchet. Paris, 1610.

Des Antiquitez françoises, liv. IX, fᵒ 330, vᵒ. *Textes très incorrects, avec traduction françoise.*

Ferrarius (Octave). Octavii Ferrarii origines linguæ italicæ. Patavii, 1676.

A la fin de la préface. *Texte roman très incorrect.*

Fréher (Marquard). Rerum Germanicarum scriptores aliquot, etc. Editio tertia, recognita à Burcardo-Gotthelffio Struvio. Argentorati, 1717.

Tom. I, pag. 72. *Fréher est le premier qui a fait une dissertation sur les deux serments* (1). *Textes interlinéaires l'un à l'autre, sans traduction.*

Frickius (Jean). Annotateur du Trésor des antiquités teutoniques de Schilter. (*voyez* ce dernier.)

Gley (G.). Langue et littérature des anciens Francs. Paris, 1814.

Pag. 194. *Textes, avec traduction françoise.*

---

(1) Et non pas le premier qui les a publiés, comme le prétend M. Gley.

GRIMM (Jacob). Lettre à M. de Roquefort. 1809.

Cette lettre, que M. de Roquefort a bien voulu me communiquer, contient *le texte francique.*

LE-BRIGANT (Jacques). Autres détachements de la langue primitive. Paris, 1787.

Pag. 11. *Commencement des deux textes du premier serment, avec traduction.*

LE GENDRE (Louis). Histoire de France jusqu'à la mort de Louis XIII. Paris, 1718.

Tom. I, pag. 235. *Premier serment en langue romane; le texte et la traduction.*

LEIBNITZ (Godefroi-Guillaume). Gothofredi-Guillelmi Leibnitii opera omnia. Genevæ, 1768.

Tom. VI, 2ᵉ part., pag. 141. *Les deux textes interlinéaires l'un à l'autre, avec quelques notes.* L'éditeur a mal imprimé ces serments, et, comme je n'ai pu me procurer la première édition de Leibnitz, je ne cite que d'après Astruc.

LIPSE (Juste). Justi Lipsii opera omnia. Antverpiæ, 1637.

Tom. II, pag. 494. Epistolarum selectarum ad Belgas centuria tertia; epistola XLIV, Henrico Schottio. *Les deux textes du premier serment, sans traduction.*

MÉZERAY (François-Eude). Histoire de France depuis Faramond jusqu'à maintenant. Paris, 1643.

Tom. 1, pag. 258. *Commencement des deux textes,*

avec la traduction françoise du premier serment en entier.

OBERLIN (Jérémie-Jacques). Essai sur le patois lorrain des environs du comté du Ban de la Roche. Strasbourg, 1775.

Pag. 10. *Texte roman, avec traductions françoise, gasconne et lorraine.*

PETIT-PAS (Jean). Histoire générale des Roys de France, escrite par Bernard de Girard, seigneur du Haillan. Paris, 1615.

L'éditeur Petit-Pas a ajouté, ou fait ajouter, ces sermens. *Texte roman, avec traduction françoise.*

PITHOU (Pierre). Annalium et historiæ Francorum ab ann. Christi 708 ad ann. 990 scriptores coætanei XII; ex bibliothecâ P. Pithæi. Parisiis, 1588.

Pag. 353 (liv. III de Nithard). *Les deux textes sans traduction.*

PLATIÈRE (Sulpice de La) Galerie universelle des hommes qui se sont illustrés dans l'empire des lettres. Paris, 1787.

Tom. I, pag. xci de l'introduction. *Texte roman, avec traduction françoise.*

PONTANUS (Jean-Isaac). Originum Francicarum libri VI. Hardervici, 1616.

Liv. VI, pag. 605. *Les deux textes, avec la traduc-*

tion françoise d'Antoine Thysius ; quelques notes , et une traduction allemande ; le tout fort mauvais.

RAVALLIÈRE (Louis-Alexandre LÉVESQUE de La). Les poésies du Roy de Navarre. Paris, 1742.

Tom. I, pag. 98. Révolutions de la langue françoise depuis Charlemagne jusqu'à saint Louis. *Texte du serment de l'armée de Charles, avec traduction françoise.*

RIVET (Dom Antoine). Histoire littéraire de la France. Paris, 1746.

Tom. VII, pag. xxx de l'avertissement. *Texte du premier serment en langue romane, avec traduction françoise.*

ROQUEFORT (J.-B.-B. DE). Glossaire de la langue romane. Paris, 1808.

Tom. I, pag. xx du discours préliminaire. *Les deux textes sont accompagnés de la traduction françoise, et d'un spécimen du manuscrit de Nithard. M. de Roquefort a rapporté en outre les traductions en langage du XIIᵉ siècle et en latin barbare, faites par Bonamy.*

SCHILTER (Jean). Scriptores rerum Germanicarum à Carolo III usque ad Fredericum III. Argentorati, 1702.

Pag. 101 (liv. III de Nithard). *Les deux textes sans traduction.*

Id. Joannis Schilteri thesaurus antiquitatum Teutonicarum. Ulmæ, 1727.

Tom. II. Jus provinciale Alemanicum, pag. 240. *Ici les deux textes sont accompagnés de quelques notes et d'une traduction latine; le tout selon Frickius.*

Schoepflin (J.-Daniel). Alsatia illustrata. Colmariæ, 1751.

Tom. I, pag. 811. *Les deux textes, avec traduction latine; quelques notes.*

Villencour (N. de). Discours public sur les langues en général, et sur la langue françoise en particulier. Paris, 1780.

Pag. 26. *Commencement du serment de Louis, avec traduction françoise.*

Vulcanius (Bonaventure). De litteris et linguâ Getarum sive Gothorum, item de notis Lombardicis. Lugduni-Batavorum, 1597.

Pag. 68. *Les deux textes sans traduction.*

Wachter (Jean-Georges). Glossarium Germanicum. Lipsiæ, 1737.

Pag. 961. Au mot leisten on trouve une phrase du serment de l'armée de Louis.

TABLE

DES MÊMES AUTEURS,

PAR ORDRE DE DATE.

Bodin	1578	Eckhart	1729
Pithou	1588	Astruc	1737
Vulcanius	1597	Wachter	1737
Lipse (Juste)	1599	Duclos	1741
Fauchet	1602	La Ravallière	1742
Fréher	1611	Rivet	1746
Petit-Pas	1615	Bouquet (Dom)	1749
Pontanus (Isaac)	1616	Schœpflin	1751
Dupleix	1621	Bonamy	1751
Du Chesne	1636	Bullet	1754
Mézeray	1643	Oberlin	1775
Borel	1655	Court-de-Gébelin	1778
Boecler	1656	Villencour	1780
Ferrarius	1676	Le-Brigant	1787
Du Cange	1678	La Platière	1787
Le Gendre	1700	Cordier	1805
Schilter	1702	Roquefort	1808
Leibnitz	1	Champollion	1809
Daniel	1713	Grimm	1809
Frickius	1727	Gley	1814

TABLE

DES ABRÉVIATIONS.

A . .	Astruc.	F^r . .	Fréher.
B^n . .	Bodin.	F^s . .	Frickius.
B^r . .	Boecler.	G . .	Gley.
B^i . .	Bonamy.	L^e . .	Le-Gendre.
B^l . .	Borel.	L^t . .	Le-Brigant.
B . .	Bouquet (Dom).	L^z . .	Leibnitz.
B^t . .	Bullet.	L^r . .	Lipse (Juste).
C . .	Cange (Du).	M . .	Mézeray.
C^e . .	Les variantes en marge	O . .	Oberlin.
	de Du Cange.	P^t . .	Petit-Pas.
C^a . .	Champollion.	P^u . .	Pithou (Pierre),
C^r . .	Cordier (l'abbé).	P^e . .	La Platière (le Cte de).
C^t . .	Court-de-Gébelin.	P^s . .	Pontanus (Isaac).
D^l . .	Daniel (le père).	R^e . .	La Ravallière.
D^e . .	Du Chesne.	R^t . .	Rivet (Dom).
D^s . .	Duclos.	R . .	Roquefort.
D^x . .	Dupleix.	S^r . .	Schilter.
E . .	Eckhart.	S^n . .	Schœpflin.
F^t . .	Fauchet.	V^r . .	Villencour.
F^i . .	Ferrarius.	V . .	Vulcanius.

---

abl.	ablatif.	angl.	anglois.
acc.	accusatif.	anglo-s.	anglo-saxon
all. *ou* allem. .	allemand.	Baluz.	de Baluze.

B	de Barbazan.	nom.	nominatif.
Bibl. R.	Bibliothèque	neut.	neutre.
	du Roi.	pag.	page.
Cap.	Capitulaires.	parf.	parfait.
chap.	chapitre.	pers.	personne.
col.	colonne.	plur. *ou* pl. .	pluriel.
dat.	datif.	prépos.	préposition
Ex. . . . . . . ,	Exemple.	prés.	présent.
fabl.	fabliaux.	pron.	pronom.
fém.	féminin.	r°.	recto.
fl. *ou* flam. . .	flamand.	S	Saint.
f°.	folio.	scand.	scandinave.
fr.	françois.	serm.	sermons.
fut.	futur.	sing. *ou* singul.	singulier.
gén.	génitif.	subj.	subjonctif.
goth.	gothique.	subst.	substantif.
ib.	*ibidem.*	tom.	tome.
imp.	imparfait.	v.	vers.
ind.	indicatif.	v°.	verso.
inus.	inusité.	voy.	voyez.
lat.	latin.	1re	première.
lat. b.	latin barbarĕ.	3e	troisième.
l.	ligne.	c.-à-d.	c'est-à-dire.
masc.	masculin.	—.	omis.

SERMENTS

PRÉTÉS À STRASBOURG EN 842

PAR

CHARLES-LE-CHAUVE,

LOUIS-LE-GERMANIQUE,

ET LEURS ARMÉES RESPECTIVES.

~~~~~~~~

Poussé par l'ambition, l'empereur Lothaire cherchoit tous les moyens de déposséder ses frères et d'accroître son autorité, lorsque Charles, roi de France, et Louis, roi de Germanie, sentirent enfin la nécessité de se liguer contre leur ennemi commun. Ils gagnèrent sur lui la célèbre bataille de Fontenay; mais, comme ils usèrent avec trop de modération de la victoire, il ne perdit pas de vue ses projets; il se disposoit encore à les attaquer. C'est alors qu'ils crurent devoir cimenter leur alliance.

Après avoir opéré leur jonction à Strasbourg (1),

---

(1) *In civitate* (dit l'auteur) *quæ olim Argentaria vocabjtur, nunc autem Strazburg vulgo dicitur.* Nithard et Thegan con-
~~~~~~~~

ils se promirent mutuellement de rester étroite-
ment unis, et d'employer toutes leurs forces contre Lothaire : mais afin que les peuples ne doutas-
sent pas de la sincérité de cette union, et pour
avoir eux-mêmes moins de moyens de rompre leur
alliance, ils résolurent de se prêter serment en
présence de l'armée. D'abord chacun d'eux haran-
gue ses soldats, leur expose ses griefs contre Lothaire, et les motifs de l'alliance qu'il va contrac-
ter; ensuite il leur déclare que si jamais, ce qui à
Dieu ne plaise, il violoit sa promesse, il les absout
de la foi et de l'obéissance qu'ils lui ont jurées. Ces
discours finis, ils font leur serment, Louis en langue romane, pour être entendu des sujets de Charles, et Charles en langue francique pour l'être de
ceux de Louis (1).

.... *Cùmque Karolus* (dit Nithard) *hæc eadem
verba romaná linguá perorasset, Lodhwicus, qui*

---

fondent *Argentaria* avec *Argentoratum.* C'est cette dernière ville
(qu'on appeloit aussi *Argentoratus* et *Argentina*), qui prit ensuite le nom de *Stratburg* ou *Stratburgum, Stratburgus, Stra-
taburgum, Strateburgum, Strazburg,* aujourd'hui *Strasbourg;*
composé de *straz* ou *strasse, voie, chemin,* et de *burg, ville,*
à cause sans doute de sa position sur la grande route d'Alle-
magne. Les deux frères firent leur jonction le 16 des kalendes
de mars, c'est-à-dire le 14 février, et non pas le 17 mars, comme
nous l'apprend M. Gley.
 (2) Manusc. f° 13 r°.

major natu erat, prior hæc deinde se servaturum testatus est :

TEXTE.	**TRADUCTION.**

Pro Deo amur, et pro christian poblo et nostro commun salvament, d'ist di in avant, in quant Deus savir et podir me dunat, si salvarai-eo cist meon fradre Karlo, et in adjudha et in cadhuna cosa, si cum om, per dreit, son fradra salvar dist; in o quid il mi altresi fazet: et ab Ludher nul plaid nunquam prindrai, qui, meon vol, cist meon fradre Karle in damno sit.	Pour l'amour de Dieu, et pour le salut du peuple chrétien et le nôtre commun, de ce jour en avant, autant que Dieu m'en donnera le savoir et le pouvoir, je défendrai mon frère Charles, que voici, et par mon aide et par tous moyens, ainsi qu'on doit, selon l'équité, défendre son frère; pourvu qu'il en fasse autant à mon égard: et je ne prendrai jamais avec Lothaire aucun arrangement, qui, de ma volonté, puisse être dommageable à mondit frère Charles.

Quod cùm Lodhœicus (continue notre auteur) *explesset, Karolus, teudiscâ* (1) *linguâ, sic hæc eadem verba testatus est :*

In Godes minna, ind in thes christianes folches ind unser bedhero gealtnissi,	Pour l'amour de Dieu, et pour le salut du peuple chrétien et le nôtre commun, de

---

(1) *Tudesque, théotisque, thioise, teutonique* ou *francique.* Ce dernier mot est le plus précis.

TEXTE.	TRADUCTION.

fon thesemo dage fram-
mordes, so fram so mir
Got geuuizci indi madh
furgibit, so hald-ih tesan
minan bruodher. . . . . .
. . . . . . , . . . soso man,
mit rehtu, sinan bruher
scal; in thiu thaz er mig so
soma duo: indi mit Luhe-
ren in nohheiniu thing ne
gegango, zhe, minan uuil-
lon, imo ce scadhen uuer-
hen.

ce jour en avant, autant que
Dieu m'en donnera le savoir
et le pouvoir, je défendrai
mon frère *Louis*, que voici,
. . . .
ainsi qu'on doit, selon l'é-
quité, défendre son frère;
pourvu qu'il en fasse autant
à mon égard : et je ne viendrai avec Lothaire à aucun
arrangement, qui, de ma
volonté, puisse lui (*à mondit frère*) être dommagea-
ble.

Sacramentum autem (dit-il) *quod utrorumque*
populus, quique propriâ linguâ, testatus est, ro-
manâ linguâ sic se habet :

Si Lodhwigs sagrament
quæ son fradre Karlo ju-
rat, conservat, et Karlus,
meos sendra, de suo part,
non los tanit; si jo retur-
nar non l'int pois; ne jo,
ne neuls cui eo returnar
int pois, in nulla ajudha
contra Lodhuwig nun li
iver.

Si Louis tient le serment
qu'il vient de jurer à son frère Charles ; que de son côté
Charles, mon seigneur, ne
le tienne, et que je ne puisse
le détourner de cette infraction ; ni moi, **ni** aucun de
ceux que je pourrai en détourner, nous ne l'aiderons
en rien contre **Louis.**

Teudiscá linguá autem :

<table>
<tr><td>**TEXTE.**</td><td>**TRADUCTION.**</td></tr>
</table>

Oba Karl then eid, then er sinemo bruodher Lu-dhuuuige gesuor, geleistit, indi Ludhuuuig, min her-ro, then er imo gesuor, for-brihchit; ob ih inan es ir-uuenden ne mag; noh ih, noh thero nohhein, then ih es iruuenden mag, uui-dhar Karle imo ce follusti ne uuirdhit.

Si Charles tient le serment qu'il vient de jurer à son frè-re Louis ; que Louis, mon seigneur, viole celui qu'il lui a juré, et que je ne puisse l'en détourner ; ni moi, ni aucun de ceux que je pour-rai en détourner, nous ne l'aiderons en rien contre Charles.

Quibus peractis (ajoute Nithard), *Lodhuwicus* (1), *Reno tenus per Spiram, et Karolus, juxta Wasa-gum per Wizzunburg, Warmatiam iter direxit.*

----

(1) Lisez *Lodhwicus.*

NOTES.

SERMENT DE LOUIS.

Pro, *à cause*, *pour*, etc. Cette prépos., purement latine, s'est d'abord transformée en *por*, par une simple métathèse, d'où ensuite *pour*, telle que nous l'employons aujourd'hui :

> *Por* Dieu vos pri, et *por* ses dons,
> Céanz, où que soit, le muçons.
>> *Du preudome qui avoit demi ami*, v. 153. fabl. B. tom. 2.

Deo, *dieu*, du lat. DEUS. On a dit aussi *deu, dé, dié, diu* ; nom. *deus, dex, diex*, etc.

> Certes ensi *restat Deus* as arguillous, et as humles *donet* sa grace.
>> *Sermons de S. Bernard*, manusc. de la Bibl. R. f°. 124. v°.

Deo ne doit pas se prononcer comme en latin l'abl. de DEUS, (dĕŏ), en deux syllabes dont la dernière seroit longue ; mais au contraire d'une seule émission de voix, formant une diphthongue *ẽo*, dont la prépositive est longue, et la subjonctive très-brève et presque muette. Cette diphthongue *ẽo* a beaucoup de rapport avec l'*ευ* des Grecs, selon leur ancienne prononciation, ou du moins celle d'Erasme, que je regarde comme la plus probable. Nos pères prononçoient à-peu-près de la même manière la diphthongue *eu*. Cette prononciation se retrouve encore dans divers patois, notamment dans

les différents dialectes de celui du Périgord, comme,
par exemple, dans cette phrase, *eu beu* (eou beou), *il
boit.* Ainsi, quant à la prononciation, *deo* est la même
chose que *deu.*

Dans le passage qui nous occupe, on lit ordinairement *don*, au lieu de *deo.* Fréher, Schilter, Boecler,
Eckhart, Schœpflin, Oberlin, Isaac Pontanus, Borel,
Petit-Pas, Duclos, M. Gley, et autres, ont suivi cette
mauvaise leçon; les uns, parcequ'ils n'ont jamais vu le
manuscrit; les autres, n'ayant pas su le lire. En effet,
ce mot y est écrit en abrégé au moyen de deux lettres,
(dō), et un trait horizontal au-dessus; or comme ce
trait est employé très-fréquemment pour indiquer la
suppression de l'*m* ou de l'*n* finales, ils se sont laissé
induire en erreur. Cependant ils auroient dû savoir
que le trait horizontal indique en général toute espèce
d'abréviations. D'ailleurs, dans le manusc. de Nithard,
le mot DEUS, à ses différents cas est toujours écrit avec
deux lettres seulement, la première et la dernière. Ex.:

Dō propitio, f° 27. r°. 1ʳᵉ col. l. 28. — Beatæ dī geni-
tricis, ib. l. 30; id., f°. 28. v°. 2ᵉ col. l. 29; id., f°. 29. r°.
2°. col. l. 3. — dī, f°. 30. r°. 1ʳᵉ. col. l. 13. — dō, f°. 6. r°.
1ʳᵉ. col. l. 16, etc.

Bonamy substitue *deu* à *deo.* Ce changement, contraire au manuscrit, est tout-à-fait inutile. Dupleix
lit *des*, et Le-Brigant *deus.* Ces deux leçons sont in-
admissibles.

Amur, *amour.* On a dit aussi *amor*, qui est purement
latin. La prononciation de ce mot *amur* ne me paroît
pas certaine. Je crois cependant que l'*u* qui en fait la
difficulté a beaucoup de rapport avec notre fausse

diphthongue *ou*, mais qu'elle se rapproche **un peu**
plus de l'*ô* circonflexe. J'en dirai autant des mots,
dunat, *cum*, *nunquam*, *returnar*, et *nun*, qu'on
trouve dans ces mêmes sèrments. Je n'exposerai pas
ici les diverses raisons qui me déterminent ; elles me
meneroient trop loin.

Du Cange lit *amor*, et Eckhart *amour*. Cela est
inutile, et contraire au manuscrit.

Dans cette expression, *pro deo amur*, 1º l'ordre ana-
lytique seroit, *pro amur deo* ; comme dans celle-ci :

> Dame, dist la vielle, laissiez,
> *Por amor Dieu*, ne m'aresniez.
> > *Le castoiement que li peres ensaigne à son fils,* conte 11,
> > v. 86, fabl. B. tom. 2.

Ces transpositions se faisoient même souvent de plusieurs mots. Ex. :

> Beax amis, ne t'esmaie mie,
> Quar, par *la Dame-Diex aïe*,
> Ge te deliverrai si bien,
> Que tu n'i perdras nule rien.
> > *Ib.* conte 14ᵉ, v. 99.

2º La particule *de*, qui, dans notre langue, exprime
le gén. et indique les rapports de deux objets dont l'un
tient ou appartient à l'autre, n'y est pas exprimée, non
plus que dans les phrases qu'on vient de citer, dans
lesquelles on voit, *por amor dieu* au lieu de *por amor
de dieu*, et *la dame-diex aïe*, pour *l'aïe de dame-
diex*, c. à d. *l'aide du seigneur Dieu*. On disoit de
même, *la mère Dieu, la mère Jesu-Crist, li sermon
saint Bernart*. On dit encore aujourd'hui *l'Hôtel-
Dieu, Choisy-le-Roi*, etc. Cette tournure **nous vient**

des Latins ; mais la désinence leur tenoit lieu de particule : PRO AMORE DEI, OU PRO DEI AMORE.

Christian, *chrétien*, du latin CHRISTIANUS.

Poblo, *peuple*, du lat. POPULUS. On a dit aussi *poble*, *pople*, etc. ; en ital. *popolo*, et en esp. *pueblo*. Le premier *o* de *poblo* est long, mais non pas autant, à beaucoup près, que notre *ó* circonflexe ; le second est bref, et un peu sourd.

Nostro, *notre*, du lat. NOSTER. Mêmes principes de prononciation que pour le mot précédent. Ces principes ne sont point hasardés ; ils ont pour base, outre les raisons d'harmonie et de mécanisme, l'analogie des différents patois méridionaux. Quoique, à la vue, *nostro* et *poblo* soient identiques avec l'ablat. des mots lat. dont ils descendent, on ne doit pas en conclure qu'ils soient formés de l'abl.; comme ont fait quelques auteurs, par rapport aux mots françois qui sont dans le même cas. Les bornes de ce mémoire ne me permettent pas d'expliquer ici ma pensée.

Commun, *commun*, *de l'un et de l'autre*, du lat. COMMUNIS. Ce mot n'a aucune difficulté.

Du Cange, Borel, et Fauchet lisent *comun* avec une seule *m* ; Bodin lit *commum*; le manuscr. n'est point équivoque.

Salvament, *salut*, du lat. b. SALVAMENTUM pour SALUS. On a dit aussi *salvement* et *sauvement*. On conçoit aisément pourquoi *salvament* et *christian* n'ont pas la même terminaison que *poblo* et *nostro*. Non seulement ces derniers sont très-courts ; mais il seroit impossible de faire disparoître l'*o* de leur désinence, sans attaquer les consonnes qui le précèdent ; tandis qu'aux autres, il n'y

a aucune raison de le conserver. C'est donc sans motif
que Du Cange et dom Bouquet lisent *salvamento.*
Quant au texte de Fauchet, au lieu de *salvament* on
y lit *schwartz !!!* J'ignore à quelle source le vénérable
président est allé puiser ce mot allemand, qui signifie
noir.

Pour bien entendre cette seconde expression, *pro
christian poblo et nostro commun salvament,* il faut
se rappeler ce qui a été dit de la première, au mot *amur.*
Il y a ici même absence de la particule *de,* et même
inversion. Pour en faire l'analyse, on construira donc:
Pro salvament de christian poblo et nostro commun,
qu'on pourroit rendre en lat. par, *pro salvamento
christiani populi et nostro communi,* ou en rétablis-
sant l'inversion, *pro christiani populi et nostro communi salvamento.* Dans le serment francique, la
construction est absolument la même, et, à cause de
l'inflexion des mots, le sens n'en est point équivoque.
(*Voy.* le texte, pag.   , et les not. pag.   .)

Oberlin est le seul, à ma connoissance, qui a entendu ce passage. Ordinairement on le traduit : *pour
le peuple chrétien et notre commun salut.* Ainsi s'expriment Bonamy, Bullet, Court-de-Gébelin, MM. de
Roquefort, Champollion, et autres. Schœpflin, et plusieurs savants avant lui, l'ont rendu en latin dans le
même sens, *pro christiano populo et nostrá communi
conservatione.* Selon Fauchet, on diroit, *pour l'amour
de dieu et du peuple chrestien, à nostre commun
sauvement.* Voilà un bien mauvais début, après nous
avoir annoncé qu'il *tournera* ces serments *en langue
du jourd'huy, à fin de soulager ceux qui n'ont tant*

de cognoissance de l'antiquité. Bodin l'entend à-peu-près de même; on diroit, selon lui, *pour l'amour de dieu et du peuple chrestien et de nostre salut commun.* Enfin Duclos traduit, *par amour de dieu et du peuple chretien et par notre commun salut,* expression obscure, également contraire aux deux textes du serment, au génie de la langue romane, et à celui de la langue françoise.

D'ist, *de ce,* par élision, pour *de ist. De* est une prépos. qui marque le point de départ, l'origine. Les Latins l'ont employée dans le même sens. *Ist,* prén. formé de ISTE. Ainsi *d'ist* pourroit se rendre en latin par DE ISTO, ou plus correctement AB ISTO. On doit écrire *d'ist* en deux mots, séparés par une apostrophe, et non pas en un seul, comme on l'a toujours fait jusqu'à présent.

Di, *jour,* du lat. DIES. Ce mot *di* se trouve fréquemment employé dans nos vieux auteurs. Ex. :

> Mais je voel savoir que tu sentes,
> De cheux qui vont les dures sentes;
> Se cil que diex hat cascun *di*
> Seront rebatu, che me di.
> *Roman de charité,* strophe 200.

Il reste encore dans plusieurs mots composés, tels que *midi,* MEDIUS DIES; *dimanche,* DIES DOMINICA; *lundi,* LUNAE DIES, etc.

In avant, *en avant. Avant* est formé du lat. b. ABANTE (*devant*). Ce dernier est composé de AB et de ANTE. Ces sortes de compositions étoient fréquentes, même dans la bonne latinité; comme on le voit par les expressions ABHINC, ADHUC, DEFORIS, INSUPER, etc. Souvent dans notre langue on a ajouté une seconde prépos.

sans avoir égard à la première, comme dans l'adv. *devant* pour *de avant*, c -à-d. DE ABANTE, OU AB ABANTE.

Au lieu de *in avant* on a coutume de lire *en avant.* Cette leçon est fautive. *In* se trouve plusieurs fois répété dans ces serments, toujours sous la même forme. Dans ce premier cas le manusc. n'a rien d'équivoque. D'abord, il est vrai, le copiste avoit écrit *en*, suivant l'usage de son temps ; mais la faute est corrigée de la même main, par la superposition d'un trait horizontal.

In est supprimé par quelques savants.

D'ist di in avant sera traduit en lat. par, DE ISTO DIE IN ABANTE, ou plus correctement, AB ISTO DIE IN ANTE. In quant, *autant que,* ou plus mot à mot, *en autant d'étendue que,* du lat. IN QUANTUM. Ce sont deux mots distincts qu'on ne doit pas joindre ensemble, comme ont fait Bodin, Petit-Pas, Fauchet et M. Champollion.

Il faut prononcer *in kant.*

On ne doit pas rendre *in quant* par *en tant que.* Bodin, Fauchet, et Petit-Pas, ont pu s'exprimer ainsi dans leur temps ; mais M. Champollion n'auroit pas dû les imiter. *En tant que* s'est fort affoibli dans notre langue actuelle, et n'est plus qu'une espèce de con- . jonction.

Deus, *dieu.* Ce mot, quoiqu'il ait une forme purement lat., doit se prononcer d'une seule émission de voix, avec diphthongue (*Voy.* la prononc. de *eu,* au mot *deo,* pag. 6). Au commencement de ce serment c'étoit *deo,* ici c'est *deus ;* et cela doit être ; l'un est régime, l'autre sujet ; le premier tient sa forme des cas obliques, et le second du nominatif. On voit que cette règle a été observée de même pour les autres mots. D'où l'on peut conclure que dans le IXᵉ siècle on distinguoit encore, en général, deux cas, l'un pour le sujet, et l'autre pour le régime, direct ou indirect. Dans la suite, le premier, comme beaucoup moins en usage par la nature même de son emploi, disparut presque entièrement. Sauf quelques exceptions, nous n'avons plus aujourd'hui que le second, c.-à-d. celui qui provient de la somme des cas obliques. Cette formation de nos mots pourroit être le sujet d'une curieuse dissertation, et nous nous proposons d'en faire un mémoire particulier.

Dans le manusc., *deus* est écrit en abrégé, avec la première et la dernière lettres, *d's*, et une marque d'abréviation. On a vu qu'il en étoit de même de *deo*. Borel a substitué *don* à *deus* sans aucun fondement. Schilter lit *des*, et Ferrarius *dis*. Ces diverses leçons ne sont pas moins contraires au manusc. qu'au génie de la langue.

Savir, *le savoir*, du lat. sapere, qui, dans le bas Empire, a été employé pour scire. On a dit aussi *saveir* et *saver :*

> Coment feriez-vos feste de ceu que vos ne *saveriez* kc fust?
> ou coment lo *saveriez*-vos, s'om nel' vos anoncievet?
> *S. Bern.*, f°. 32. v°. manusc. de la Biblioth. R.

Savir est pris ici comme substantif. Dans la basse lat. on disoit dans le même sens savirum, mot qui sans doute est formé de *savir*. (*Voy.* à la fin des notes du premier serment.)

Bodin lit *sanir.*. Cette leçon, contraire au manusc., ne donne aucun sens.

Podir, *le pouvoir*, du lat. potere inus. pour posse. L'imp. poteram, le parf. potui, etc. démontrent clairement que POTERE a existé, et probablement aussi POTIRE. POTIBAT, POTESSE, et plusieurs formes semblables, sé trouvent encore dans les anciens auteurs, tels que Térence, Lucrèce, Catulle, Ennius, et autres. On a dit en langue romane *podir*, *podeir* ou *poeir*. En patois périgourdin on dit encore *poudey*.

Podir est pris ici substantivement comme *savir*. Fréher, Schœpflin, Duclos, et Oberlin, lisent *potir*. C'est sans motifs. Quant à *pordi* (ou *por di*), je ne sais à quelle source Bodin est allé le puiser. Juste-Lipse lit *prodir !*

Me, *me, à moi*, du lat. ME, qu'on employoit non seulement pour l'acc. et l'abl., mais encore pour le dat. En vieux françois, comme dans notre langue actuelle, *me* ne sert plus que pour le dat. (dans certains cas), et pour l'acc.

La prononciation de ce mot n'est ni celle du MĒ lat., ni celle du *me* françois : elle tient le milieu entre les deux, c.-à-d. que sa voyelle est brève, et non pas muette.

Dunat, *donne*, 3e pers. sing. ind. prés. du verbe *dunar*, formé du lat. DONARE, pris dans le sens de DARE. Cette terminaison *at*, pour la 3e pers. singul. du prés. de l'ind., se trouve plusieurs fois répétée dans ces serments. Elle est parfaitement conforme au lat. Dans la suite elle s'est changée en *et*, et le *t* a fini par disparoître. Au mot *deo*, j'ai cité un exemple tiré de S. Bernard, où se rencontrent les deux désinences *at* et *et*. Cette différence dans la même phrase provient de ce que *restat, il résiste, il s'arrête*, est un des verbes qui ont conservé le plus long-temps leur forme primitive, comme on peut s'en convaincre par plusieurs passages du même auteur. Ex. :

> S'il voit par aventure tencier aucune gent, il ne *restat* mies por ceu. F°. 121. v°. etc.

Pour la prononciation de la première syllabe de *dunat*, voy. *Amur*, pag. 7. Quant au *t* final, on doit le faire sentir légèrement. Il en est de même de tous les autres mots où il se trouve en désinence. J'en dis autant de l'*s*, pour ne pas y revenir.

Si, *ainsi*, du lat. sic. En françois nous employons encore ce mot dans le même sens.

Salvarai, *sauverai*, *défendrai*, du lat. salvare, *rendre ou maintenir sain et sauf*. En franç. *sauver* ne signifie plus autre chose que *tirer du péril*. On *est sauvé* ou *perdu*; il n'y a pas de milieu. On *sauve* un homme *si* on le peut; on l'*aide* et on le *défend autant qu'*il est possible. Ainsi dans ce passage il faut dire *défendrai*, et non pas *sauverai*, comme on a presque toujours fait.

La dernière syllabe de *salvarai* contient une diphthongue, dont les deux lettres, quoique prononcées d'une seule émission de voix, doivent se faire sentir distinctement.

Eo, *je*, du lat. ego, par la suppression de la consonne. C'est ainsi que de *podeir* s'est formé *poeir*, d'où notre mot *pouvoir*; de imperator, *empereor*, *empereur*; de facere, *faïre*, *faire*, etc.

Eo doit se prononcer d'une seule émission de voix, mais non pas comme la diphthongue de *deo*. L'*o* est ici moins muet, et l'*e* beaucoup plus exigu.

Eo est évidemment la première corruption de ego,

puisqu'elle est la plus simple, et qu'on la trouve dans le plus ancien monument. C'est elle qui a donné naissance à toutes les autres. D'abord *jeo* s'en est formé par la simple addition d'un *j* consonne extrêmement foible, et tel qu'il se fait entendre dans *païen, voyelle,* et autres mots. Je dois faire remarquer ici que la prononciation de notre *j* consonne, que nous appelons *ji,* ne doit pas remonter au-delà du XVe siècle, comme j'aurai occasion de le prouver ailleurs, et que par conséquent, dans tous les écrits antérieurs à cette époque, il faut le prononcer à-peu-près comme les Italiens. De *jeo* se sont formés *jo* et *jou. jo* est ensuite devenu *je.* Ce dernier, prononcé à la manière françoise, est notre *je* actuel.

Dans cette expression *salvarai-eo, eo* est enclitique de *salvarai.* On doit le joindre au mot principal par un trait d'union, comme nous faisons du pronom *je,* en françois, quand il se trouve après le verbe. ·

Dans le manusc. les deux mots se tiennent, et chaque savant les a lus et corrigés à sa façon. Selon Petit-Pas, Du Chesne, et D. Bouquet, c'est *salvareio*; ou *salvarejo* suivant Du Cange et Fauchet. Schilter a mis dans son texte *salvarai eo;* mais, préférant la leçon de Du Chesne, il a eu le soin d'ajouter *lege salvareio.* Bodin lit *salverio,* Bullet *salvarai io,* Bonamy et Court-de-Gébelin *salvarai jo.* Le savant M. de Roquefort a lu *salvara jeo :* c'est très-sûrement une faute de distraction. Enfin M. Champollion a cru devoir lire *eu.* Dans le *fac-simile* que M. de Roquefort a donné de ces sermens, l'o de *eo* n'est pas parfaitement gravé; il est un peu crochu. C'est sans doute ce qui aura induit en

erreur M. Champollion. Il ne doit cependant pas igno-
rer que dans les manusc. l'*u* ne se faisoit jamais de cette
manière. J'omettois la singulière leçon de Ferrarius. Ce
savant Italien lit *salvarat*, et renferme *eo*, avec le mot
suivant, *cist*, entre deux virgules, *salvarat, eo cist,*.
Assurément il ne s'entendoit pas.

Cist, *ce*, du lat. ECCISTE.

> *Cist* est cil ki les mains nos liet de nostre propre liien
> mismes. *S. Bern.* f°. 130. r°.

> *Cist* laituaire c'est la sade,
> La savoreuse Léocade.
>   *Ste. Léocade*, v. 1995. fabl. B. tom. 1.

On a dit aussi *cest*, d'où notre pron. *cet* ou *ce*.

Fréher et Schœpflin lisent *cest*. Le manuscrit porte
cist, qui est la vraie et ancienne forme.

Meon, *mon*, *mien*, du lat. MEUS. Cette forme *meon*
(qu'on doit prononcer d'une seule émission de voix,
comme nous l'avons indiqué à l'occasion de *deo*), est
le cas de régime (voy. *deus*). Elle provient de l'accus.
MEUM. Dans plusieurs autres mots, le cas de régime
vient également de l'acc. seul. La forme de sujet de ce
pronom, étoit encore au IXe siècle, *meus*, ou *meos*
(qui est à-peu-près la même chose pour la prononciation). Cette dernière se trouve dans le serment du peuple. Au lieu de *meus* ou *meos*, on a dit ensuite *mes*,
qu'on rencontre fréquemment dans nos vieux auteurs,
et qui reste encore dans le mot françois *messire*.

Fradre, *frère*, du lat. FRATER. Les Auvergnats disent
frayrĕ. L'e final de *fradre* n'est pas muet, comme
il le seroit en françois ; il est seulement bref. C'est
ainsi qu'il se prononce toujours à la fin des mots.

(18)

Schœpflin et Oberlin lisent *fradra.* Ici cette leçon est contraire au manusc. : elle se trouve, il est vrai, quelques lignes plus bas, sans qu'on puisse alléguer aucun motif de cette différence. Sans doute les deux savants qu'on vient de citer se sont déterminés à faire ce changement, croyant que la désinence *a* pouvoit être la marque de l'accusatif ; mais c'est une erreur.

En supposant vraies les deux formes, elles ne sont que des variations de même valeur, et doivent être employées indistinctement pour tous les cas, même le nominatif, comme le prouve le mot *sendra*, dans le serment du peuple.

En passant du latin dans la langue romane, le mot FRATER n'étoit pas susceptible de conserver une désinence distincte pour le cas du sujet : sa terminaison s'y opposoit. Sa seule forme étoit donc naturellement *fradre.* Mais comme les voyelles finales étoient brèves, elles avoient ensemble beaucoup de rapport, et on pouvoit les confondre ; sur-tout dans une langue encore peu assujettie aux règles, et où chacun s'exprimoit, pour ainsi dire, à sa volonté. Il en résultoit même une espèce de variété, qui pouvoit être agréable à nos pères ; et, en effet, dans tous nos vieux auteurs, le même mot se trouve souvent sous deux ou trois formes dans la même phrase, soit pour la rime, soit sans aucun motif.

Plusieurs causes ont concouru à cette variation, à cette flexibilité des mots de la langue romane. Mais les exposer ici, ce seroit sortir de mon sujet.

Karlo, *Charles*, nom propre. Les Latins disoient KA-ROLUS. Ce mot, dérivé du teuton *kerl*, signifie *fort*.

{ *Voy.* mon Traité des Noms (1). Le cas de sujet est *Karlus*, comme on le trouve dans le serment du peuple, et le cas de régime *Karlo* ou *Karle*. Il y a ici variété de formes, comme dans *fradre*.

Schilter lit *Karolo*, Bodin *Karle*, et Fauchet *Carlo* par un *c*. Toutes ces leçons sont contraires au manuscrit.

Cist meon fradre Karlo signifie proprement, *ce mien frère Charles;* mais, comme ce tour n'est pas françois, j'ai dû dire, *mon frère Charles, que voici.*

Adjudha, *aide*, du lat. b. ADJUDA, *aide, secours,* formé de ADJUTUM, supin de ADJUVO. On a dit aussi *ajudha, ajude, ajue, aide,* et même *aie.* Ex. :

Lonc pont ne puet passer nul (1) ame,   (1) *Lisez* nulle.
S'il n'a l'*aïe* (2) nostre dame.   (2) *Lisez* s'elle n'a l'aie.
   Ste. Léocade, par G. de Coinsi, v. 509, fabl. B. tom. 1.

Cadhuna, *chacune, chaque,* du lat. b. QUOT-UNA, et non de QUAEQUE-UNA, comme le prétend Bonamy. *Cascuns* et *cadhuns* n'ont pas la même origine ; l'un vient de QUISQUE-UNUS, et l'autre de QUOT-UNUS. Le changement de *quot* en *cadh* n'a rien de forcé. Dans notre ancien langage *qu* et *c* se mettoient l'un pour l'autre, selon la volonté du copiste; et dans toutes les langues il se trouve des mots où la voyelle *o* a été remplacée par la voyelle *a*. C'est ainsi que de ὀρυγὴ vient *arrugia;* de ἄροτρον, *aratrum;* de λέω, *lavo;* de βόσκω, *pasco;* de *locusta, langouste;* de *domina, dame;* de *dominus, dam;* etc. Quant à la lettre *h*,

---

elle s'intercaloit dans une foule de mots, tels que *jhesus* et autres, dans lesquels alors on faisoit sentir une espèce d'aspiration. Au lieu de *ciascuno*, ancien-nement les Italiens disoient *catuno, catauno, caduno,* et *cadauno.* En espaguol, c'est *cad uno.*

Bodin lit *cad una.* Cette leçon est contraire au manuscrit.

Cosa, *chose,* du lat. CAUSA, qui quelquefois se prenoit dans le sens de *res* ou *negotium.* De *cosa* s'est formé *cose,* que nos pères ont employé long-temps; et de ce dernier vient le mot *chose,* que nous avons encore.

Bodin lit *causa;* c'est sans aucun fondement.

Cette expression incidente, *et in adjudha et in cadhuna cosa,* est obscure; j'y reviendrai après le mot *dist.*

Cum, *que, comme,* du lat. CUM, qui signifie souvent la même chose. On a dit aussi *com,* d'où notre mot actuel *comme.* Ex. :

> Li borjois traient d'une part,
> Com cil qui ére (1) de mal art,   (1) *Lisez* érent.
> Et porvirent la trahison,
> A engigner lor compaignon.
> *Le Castoiement,* conte 17, v. 23, fabl. B. tom. 2.

Si cum signifiera donc, *ainsi que, ainsi comme,* en lat. SIC-UT. Ex. :

> Et li haus hom, dont je vous di,
> Estoit, *si com* je l'entendi,
> Trop biaus de cors et de visage,
> Riche d'avoir et de lignage.
> *Le Chevalier au barizel,* v. 11, fabl. B. tom. 1.

Bodin, Fauchet, Petit-Pas, Bullet, et autres, lisent *si com*, orthographe contraire au manusc., et même à l'âge de ces serments. D. Bouquet met un accent grave sur *cùm*; on ne doit pas l'imiter. M. Champollion a cru devoir lire *sic un*. Cette leçon est la preuve évidente que M. Champollion n'avoit encore rien lu de notre vieux langage, lorsqu'il a voulu nous en expliquer le premier monument.

Pour la prononciation de *cum*, voy. *amur*, p. 7.

Om, *on*, formé de ʜᴏᴍᴏ (qui, dans la basse latinité, a eu le même sens).

> Cist est cil ki les mains nos liet de nostre propre liien mismes et ki de nostre baston mismes nos bat, *si cum om* suelt dire.
> *S. Bernard*, manusc. de la Bibl. du Roi, f° 130. r° .

On a dit aussi *hom, hon, hons, en*, etc.

Contre l'autorité du manuscrit, Fréher, Oberlin, Schœpflin, Fauchet, Petit-Pas, Duclos, et autres, lisent *hom*. Ce changement est tout-à-fait inutile.

Om répond parfaitement à notre pron. indéfini *on*; l'un vient de l'autre; on doit traduire l'un par l'autre. Ainsi l'expression *si cum om* sera très-bien rendue par *ainsi qu'on*, ou *comme on*. Duclos, M. Champollion, et autres, ont dit, *comme un homme*; Bonamy, M. de Roquefort, et ᴀʟɪɪ, *ainsi qu'un homme*. Ces expressions ne sont pas exactes, et le *tout comme un homme* d'Oberlin l'est encore moins.

Per, *par, selon*. Ce mot est purement lat. Nos pères l'ont employé long-temps sans aucune altération; il s'est ensuite transformé en *par*.

Bodin, et Du Cange (en marge), lisent *por*. Cette

leçon est également contraire au manusc. et au génie de notre vieux françois.

Dreit, *droit, justice, équité*, du lat. b. DRICTUM, pour DIRECTUM, participe neut. pris substantivement.

Ce mot *dreit* doit se prononcer d'une seule émission de voix, mais avec diphthongue.

Isaac Pontanus et Borel lisent *dreiti*, Oberlin *dreist*, et Fauchet *droit*. Non seulement ces trois leçons sont contraires au manusc.; mais les deux premières le sont encore à la formation de la langue romane, et la troisième à l'antiquité de ces serments.

L'expression *per dreit* est très-bien rendue, je crois, par *selon l'équité*. Il est de l'équité qu'un frère défende son frère. On traduit ordinairement, *par droit* ou *par justice ;* cela est obscur. Oberlin dit, *de droit ;* c'est un contre-sens.

Son, *son, sien*, du lat. SUUS. C'est la forme du cas de régime : elle provient de l'acc. SUUM. Le cas de sujet étoit *sus*, qui s'est ensuite transformé en *ses*. Ce dernier mot a subsisté long-temps : on disoit *ses hom*, *ses baron*, pour *son homme* et *son mari*.

Son ne doit pas se prononcer entièrement comme en françois ; l'*o* est un peu plus long, et l'*n* se fait sentir davantage.

Fradra, *frère*, est la même chose que *fradre*. (*Voyez* ce mot.)

Bodin, Du Cange, D. Rivet, D. Bouquet, Bullet, Bonamy, Court-de-Gébelin, et autres, lisent *fradre*. Cette leçon, contraire au manusc., est inutile, puisque *fradre* et *fradra* sont la même chose. Borel lit *frada !*

L'*a* final doit se faire sentir sourdement dans *fradra*, ainsi que dans tout autre mot.

Salvar, *sauver, défendre*, du lat. SALVARE. (V. *Salvarai*, pag. 15.)

Dist, *doit*, du lat. DEBET. Je ne conçois pas comment ce mot a pu arrêter les savants : non seulement il se retrouve dans nos vieux auteurs, mais son étymologie est facile et sa filiation régulière. C'est donc sans aucune espèce de raison que Du Cange et autres ont cru qu'il falloit lire *dust*.

Nous n'avons point de conjugaison qui nous soit propre. En général, chaque verbe lat. a passé, avec tous ses temps, dans le roman, et, par suite, dans notre langue actuelle. Ainsi c'est dans *debet*, et non dans *devoir*, que nous devons chercher *dist* et *doit*.

En passant du lat. dans la langue romane, les mots ont souffert des altérations successives, soit par la suppression des consonnes, soit par celle des voyelles, ou de toute autre manière quelconque. Ainsi *debet* est devenu *devet*, par un simple adoucissement de prononciation, comme nous avons vu SAPERE transformé en *savir*, et POTERE en *podir*. De l'affoiblissement de la consonne à sa disparition entière, il n'y a qu'une légère distance : *devet* s'est transformé en *deet*, comme *podir* en *poïr*, et *veder* (du latin VIDERE) en *veer*. Deux *e* se contractant en *ei*, *deet* est devenu *deit*, comme *veer* est devenu *veir*, etc. Et comme, dans la langue romane, la diphthongue *ei*, lorsqu'elle se trouve la dernière syllabe d'un mot, est remplacée presque indifféremment par la lettre *i*, *dit* est la même chose que *deit*. On a de même *saveir* ou *savir*, *podeir* ou *podir*, etc.

Il y a en latin un bon nombre de mots qui ont un *c*
à leur pénultième syllabe. Ex. : DICERE, FACERE, PAL-
LESCERE, PUTRESCERE, JACERE, PLACERE, LICERE, etc.
En passant dans la langue romane, leur 3ᵉ pers. DICIT,
FACIT, PALLESCIT, etc. a perdu sa dernière voyelle. Il en
est résulté *dist, fast, pallist*, etc. ; car la suppression
de l'*e* ou de l'*i* se faisant par la prononciation, le *c*
conservoit le son de l'*s*, qu'il avoit devant la voyelle.

Par ignorance, sans doute, on a ensuite étendu l'u-
sage de cette terminaison *st* à beaucoup d'autres verbes
qui n'étoient pas dans le même cas que ceux qu'on
vient de citer.

Quoi qu'il en soit, la 3ᵉ pers. sing. du prés. de l'ind.
des verbes en *ir*, et de plusieurs autres, se terminoit
anciennement par *t* ou par *st*, presque indifféremment.
On disoit : *Nourrit* ou *nourrist*, NUTRIT ; *dit* ou *dist*,
DICIT ; *git* ou *gist*, JACET ; *escrit* ou *escrist*, SCRIBIT ;
list, LICET, etc.

> Mes maus ki est tournés à plane
> Dont cascuns *dist* que nus ne sane.
> *Congié de Baude Fastoul d'Arras*, v. 169, fabl. B. tom. 1.

> Comment mes cuers pour lui *noircist*.
> *Ib.* v. 521.

> Tant grate chèvre, que mal *gist* ;
> Tant va le pot à l'eau, qu'il brise ;
> Tant chauffe-on le fer, qu'il *rougist* ;
> Tant le maille-on, qu'il se débrise.
> . . . .
> Tant ayme-on chien, qu'on le *nourrist* ;
> Tant court chanson, qu'elle est apprise ;
> Tant garde-on fruict, qu'il se *pourrist* ;
> Tant hat-on place, qu'elle est prise.
> *Villon*, pag. 102.

Ainsi *dist*, formé de DEBET, est parfaitement régulier. On auroit pu dire aussi *dit, deit* ou *deist.*

Dist s'est changé en *doist* ou *doit. Loist, il est permis*, s'est également formé de *list;* et, dans un très-grand nombre de mots, la diphthongue *oi* a remplacé la voyelle *i*. En voici encore quelques exemples : *François*, de FRANCISCUS; *poix*, de PIX; *poisson*, de PISCIS; *doigt*, de DIGITUS; *moi*, de *mi*, lat. MIHI; *toi*, de *ti*, lat. TIBI, etc.

Je reprends la phrase entière, *d'ist di in avant, in quant Deus savir et podir me dunat, si salvarai-eo cist meon fradre Karlo, et in adjudha et in cadhuna cosa, si cum om per dreit son fradra salvar dist.*

Quoique au prés. de l'ind. ou du subj., *dunat* doit se rendre par le futur. Selon le génie de notre langue, le futur *salvarai* l'exige. On ne peut pas dire, *autant que Dieu me le permet, je ferai telle chose;* mais, *je ferai telle chose, autant que Dieu me le permettra.* La construction des verbes n'est pas toujours la même dans les deux langues.

L'adverbe *si*, qui précède *salvarai-eo*, répond à *si cum*, qui se trouve plus bas. Il fait sentir d'avance la comparaison qui doit suivre. *Si*.......... *si cum*, *ainsi*.......... *ainsi que*, se rendroit en latin par SIC......... SICUT.

Et in adjudha et in cadhuna cosa est une expression embarrassante; et, comme malheureusement elle ne se trouve pas dans le serment francique, dont le copiste a sans doute passé une ligne, on n'a aucun point de comparaison.

Il y a trois manières de l'entendre ; ou plutôt de l'analyser ; car il ne se présente que deux sens différents.

La plus simple, au premier abord, est de supposer une faute de copiste, et de lire *er* ou *ero* (*je serai*), au lieu de *et*, après *adjudha.* On diroit alors : *ainsi défendrai-je ce mien frère Charles, et en aide serai en chacune chose, ainsi qu'on doit, selon l'équité, défendre son frère;* ce qui revient à, *je défendrai mon frère Charles, que voici, et l'aiderai en toutes choses, ainsi que, selon l'équité, on le doit à son frère.*

Cette première manière a de graves inconvénients.

1° On part d'une supposition ; on fait un changement dans le texte ; chose qu'il faut éviter.

2° Après *adjudha* il manqueroit *li* (*à lui*), dat. du pronom *il;* car non seulement il y auroit deux membres de phrase distincts, mais encore le régime de *in adjudha ero* ne sauroit être le même que celui de *salvarai:* l'un est dat. et l'autre acc., comme en françois, *Je défendrai mon frère, et lui aiderai.*

3° *Salvar,* qui est répété après *fradra,* seroit de trop. On dit en françois : *Je défendrai mon frère, et lui aiderai, ainsi qu'on le doit à son frère;* ou, *Je défendrai mon frère, et lui aiderai, comme il convient de défendre son frère et de lui aider;* mais on ne dit pas : *Je défendrai mon frère, et lui aiderai, comme il convient de défendre son frère.* Dans la langue romane il en est de même.

Ainsi la phrase, pour être expliquée de cette manière, devroit être construite comme il suit : *si salvarai-eo cist meon fradre Karlo, et in adjudha li ero in cadhuna cosa, si cum om per dreit son fradra dist.*

Je n'ignore pas qu'à la rigueur chacune des difficultés que je viens d'exposer pourroit, si elle étoit seule, se défendre; mais, toutes réunies, elles me présentent un tel faisceau d'oppositions, que je renonce entièrement à cette explication.

La seconde manière offre le même sens, et n'est pas entravée des mêmes difficultés. *Et in adjudha et in cadhuna cosa*, restant phrase incidente, on traduit : *je défendrai ce mien frère Charles, et en aide et en chacune chose, ainsi qu'on doit, selon l'équité, défendre son frère*, ce qui revient à : *je défendrai mon frère Charles, que voici, et par mon aide et dans toutes les occasions, ainsi qu'on doit, selon l'équité, défendre son frère.*

Mais deux nouvelles difficultés se présentent.

1° La conjonction *et* nuit à la netteté de la phrase : elle est deux fois répétée; elle devroit être supprimée entièrement. On auroit alors : *si salvarai-eo cist meon fradre Karlo, in adjudha in cadhuna cosa*, qu'on traduiroit par, *je défendrai ce mien frère Charles en aide en chacune chose*, ce qui revient à : *je défendrai mon frère Charles, que voici, par mon aide en toute occasion.*

On dit en françois : *Je le défendrai et par mes actions et par mes paroles;* mais on ne dit pas : *Je le défendrai et par mes paroles et dans toutes les occasions;* c'est-à-dire que deux membres de phrase ne peuvent être joints par la copulative, que lorsqu'ils sont de même nature. Si le premier exprime une action,

le second doit exprimer une action ; si l'un exprime
une position, l'autre doit exprimer une position ; et il
en est de même dans toutes les langues. Or *in adjudha*
exprimant une action, et *in cadhuna cosa* une position, les deux membres de la phrase ne sont pas de
même nature, et vont mal ensemble.

2° La préposition *in* se trouveroit employée dans
une seule et même expression sous deux sens différents, *par* et *dans*, ce qui est peu conforme au mécanisme du langage.

Ainsi cette seconde explication ne satisfait pas du
tout.

La troisième consiste à prendre *cosa* dans le sens
de *moyen, manière*. On diroit alors : *je défendrai
mon frère Charles, que voici, et par aide et par
chacun moyen*, c.-à-d. *et en lui prêtant aide ou secours, et par tout moyen quelconque.*

La seule difficulté de cette dernière explication tombe
sur le mot *cosa*, qui est pris ici dans un sens peu
commun ; mais c'est un mot vague que nos pères employoient à tout.

C'est donc, je crois, de cette manière qu'il faut
entendre la phrase ; et alors on dira : *je défendrai
mon frère Charles, que voici, et par mon aide, et
par toutes choses, ainsi qu'on doit, selon l'équité,
défendre son frère* ; ce qui revient à : *je défendrai
mon frère Charles, que voici, et par mon aide, et
par tous moyens, ainsi qu'on doit, selon l'équité,
défendre son frère.* On diroit en latin : *defendam
hunc meum fratrem Karolum, et auxilio et qua-*

cumque re (ou *quocumque modo*) *id fieri possit,
ut.... etc.* (*Voy*. le serment de 860, pag. 42.)

Celui qui a le mieux entendu ce passage est le célèbre Eckhart. Il a très-bien rendu *in cadhuna cosa;*
mais il traduit *in adjudha* par *in auxiliis mittendis.*
Pourquoi restreindre le sens de *adjudha?* pourquoi
mittendis? Les deux frères ne peuvent-ils s'entr'aider
qu'*en s'envoyant des secours de troupes?*

Quant aux autres savants, chacun d'eux a traduit
cette phrase à sa manière. La plupart ont admis le
changement de *et* en *ero;* quelques uns ont suivi la
seconde explication; plusieurs ont rendu des mots par
des mots, et ne se sont pas entendus eux-mêmes. Parmi
ces derniers sont des noms célèbres.

En parlant de chaque mot, j'ai indiqué les diverses
leçons suivies par les savants; mais je ne dois pas
omettre ici que Borel, l'un de ceux qui ont traité le
plus mal ces serments, a fait deux suppressions. Voici
comment il lit : *si salvarai eo cist meon fradre Karlo
in adjudha et in cadhuna cosa si cum per dreiti son
frada salvar dist.* Isaac Pontanus avoit lu de même.
Om étant supprimé, la phrase n'a plus de sens.

O, *co*, du lat. is. On a dit aussi *eo*; et même cette dernière forme est antérieure à l'autre : elle descend direc-
tement des cas obliques du pronom lat. *O* ou *eo* est le
cas de régime; celui de sujet devoit être *is.*

Quid, *que.* Ce mot, purement lat., est employé dans le
sens de QVOD. Il faut prononcer *kid.*

In o quid signifie proprement, *en ce que, en cela
que, sous cette condition que, pourvu que.* On disoit
en lat. IN EO QVOD. On trouve fréquemment cette ex-

pression dans les capitulaires de nos rois. Ce mot *quid*
est encore un vestige du genre neutre.

Il, *il, lui,* du lat. ille. Ce mot, le même qu'en françois,
n'a aucune difficulté.

Mi, *à moi.* Ce mot est formé de mihi, dat. de ego, ou
plutôt c'est un mot purement latin ; car on disoit mi
pour mihi. Le pron. ego a passé dans la langue romane
avec trois cas différents, *eo, mi* et *me. (Voy.* pag. 14
et 15). Le premier étoit nom., le second dat. et gén., le
troisième dat. et acc. Quant à l'abl., on l'exprimoit par
le second cas, avec une prép. Les deux premières formes,
ainsi que leur emploi, ont beaucoup varié dans la suite.

Altresi, *autant.* Ce mot est composé de *altre* et de *si.*
Altre vient de alter ; *si,* de sic. *Altresi,* alterum-sic,
est la même chose que *altretant,* alterum-tantum. Le
premier signifie mot à mot, *autre chose ainsi, autre
chose comme cela ;* le second, *autre chose telle ,
autre chose si grande ;* ce qui revient, pour les deux,
à *semblablement, autant.*

Altresi doit s'écrire en un seul mot ; mais l's ne
doit pas prendre le son du *z.* On disoit aussi *altressi*
avec deux *s,* pour mieux rendre la prononciation ; on
a dit encore, mais plus tard, *aultresi, autresi, aul-
tressi,* et *autressi.* Ex. :

> Le moine dedenz le sac met ,
> Et du covrir molt s'entremet ,
> *Autresi* comme il fut devant.
> O le bacon s'envait corant.
> *Le Segretain,* v. 563 , fabl. B. tom. i.

Fazet, *fasse (qu'il),* du lat. faciat. C'est la 3e pers. sing.
du subj. prés. du verbe *fare, faire.* De faciat s'est

formé *faciet*, par analogie des verbes de la 1re conjugaison : de celui-ci, *facet;* d'où notre mot *face ,*
que nous écrivons abusivement par deux. *s , fasse.*
Dans les Xe, XIe et XIIe siècles, on remplaçoit ordinairement le *c* par le *z*. On disoit *fazon* pour *façon ,*
anzois pour *ançois ,* etc. On disoit de même *fazet*
pour *facet*. Il est donc possible qu'un copiste du
Xe siècle, habitué au langage de son temps, ait changé
facet en *fazet*. Ces altérations de copistes étoient fréquentes : on peut en voir un autre exemple, dans le
serment du peuple, au mot *ajudha*. Peut-être cepen-
dant dès le IXe siècle changeoit-on le *c* en *z ;* ainsi il
est inutile de faire aucun changement au mot *fazet.*
Bonamy croit qu'il vient de FACERET ; il est dans
l'erreur.

In o quid il mi altresi fazet signifie propremen. ,
en ce qu'il fasse à moi autant, c.-à-d. *pourvu qu'il
en fasse autant à mon égard.*

Personne, à ma connoissance, excepté Bonamy et
Court-de-Gébelin, n'a lu ce passage correctement.
Ferrarius et Petit-Pas joignent ensemble les trois mots
dist (qui fait partie de la phrase précédente), *in* et *o*.
Suivant le premier, on diroit : DISTINO , *quid il mi*
ALTRE SI FAZER. On auroit, selon l'autre, DISTINO *quid*
il UN ALTRE SI FARET. Rien de plus barbare ! Fauchet
laisse *dist* à sa place ; du reste il lit, comme Petit-Pas ,
INO *quid il* UN ALTRE SI FARET. On a selon Bodin , INO
QUI ID UN ALTRE SI FARET ; suivant Eckhart, INO *quid*
il IMI *altresi* FARET. Schœpflin et le savant Oberlin ont
lu, INO *quid il* IMI ALTRE SI FARET. Fréher et Duclos,
INO *quid il mi* ALTRE SI FARET. Schilter et Isaac Pon-

tanus, ino *quid il mi* ALTRE SI *fazet.* D. Rivet, *in o* QUI *il mi* ALTRE SI *fazet.* La Platière, *in o quid* IN *mi* ALTRE SI *fazet.* Borel et P. Pithou lisent, INO *quid il mi altresi fazet.* Du Cange, D. Bouquet, Bullet, MM. de Roquefort et Gley, *in o quid il mi* ALTRE SI *fazet.* Enfin, pour faire du nouveau, M. Champollion a cru devoir lire MOQUID *il* NUN *altresi fazet.*

Toutes ces leçons sont également contraires au génie de la langue romane et au texte du manusc. Il n'en est qu'une seule qu'on ait pu suivre avec une apparence de raison, c'est *altre si fazet.* En effet, *altresi* est composé de deux mots, *altre* et *si.* Dans le principe, ils ont dû s'écrire séparément : donc, à la rigueur, on a pu croire qu'il devoit encore en être de même au IXe siècle. D'ailleurs dans le manusc. *altre* finit une ligne, et *si* commence l'autre : rien n'indique donc qu'il faille joindre ces deux mots. On doit répondre à cela, 1° que, dans tous les monuments qui nous restent en vieux langage, *altresi* est toujours écrit sans aucune séparation : 2° qu'en séparant *si* de *altre,* on le rend indépendant de ce mot ; qu'il devient lui-même un adverbe ; et qu'alors, se construisant naturellement avec le verbe, *altre* reste seul, et ne signifie plus rien : 3° que les deux parties ne sont séparées dans le manuscrit, que parcequ'on n'a pas pu les mettre dans la même ligne, et qu'alors on se servoit rarement du trait d'union.

Quant aux changements qu'a faits M. Champollion, rien n'est plus mal-adroit. *Mo quid* est sans doute une expression de sa province : elle étoit ici fort inutile, et tout-à-fait contraire au manusc. ; mais, puisqu'il vou-

loit l'introduire, il auroit dû au moins l'écrire correctement, c.-à-d. en faire deux mots. On dit en patois
périgourdin *md que*, et en françois du XVIe siècle
mais que; ainsi l'origine de cette expression n'a rien
d'obscur ni d'équivoque, et l'orthographe n'en est point
incertaine. La transformation de *mi* en *nun* est encore
pire; avec elle, la phrase n'a plus de sens.

On avoit lu si diversement et tellement corrompu la
phrase, *in o quid il mi altresi fazet*, qu'on a dû aussi
la rendre diversement. En effet, Fauchet et Bodin tra-
duisent, *et non comme un autre le feroit*. Petit-Pas,
et non comme un autre se feroit. Duclos, *en ce qu'il
feroit autant pour moi*. Bonamy, *en tout ce qu'il feroit
de la même manière pour moi*, etc. De ces traductions, la première est un contre-sens complet; la seconde ne signifie rien; les autres sont plus ou moins
foibles et incorrectes.

Ab, *de*, préposition. On a dit aussi *à*. L'une et l'autre
forme sont purement latines. Dans notre vieux langage,
la dernière est celle qu'on retrouve le plus fréquemment. On ne doit pas la confondre avec *à*, dérivé de
AD, quoique matériellement elle lui soit parfaitement
semblable. Ainsi en langue romane, comme dans notre
langue actuelle, la préposition *à* a deux origines bien
distinctes, AB et AD. Dans les expressions *peindre à
l'huile*, *assommer à coups de bâton*, *à* vient de *ab*.
Il vient de *ad*, lorsqu'on dit, *aller à Rome, donner
à Pierre, c'est fait à peindre*, etc.

De la jonction de AB et de CUM s'est formé *avec*. On
a dit ABCUM, comme ABANTE, INSUPER, DEFORIS, etc.
(Voy. *avant*, pag. 11.) En passant du latin dans la

langue romane, les mots en *um*, dès qu'ils n'étoient pas monosyllabes, ont changé leur terminaison en *o* ou en *e*. Ainsi ABCUM s'est transformé naturellement en *abque*. Et, comme il est difficile de prononcer ce mot sans faire sentir un *e* bref entre les deux consonnes, il en est résulté *abeque* ou *aveque*, *avec*, de même que de SUBGRUNDA est venu *sévéronde*. Je ne conçois pas que ce mot ait pu arrêter le savant Ménage.

On a toujours traduit *ab* par *avec*. Je crois que c'est une erreur. J'y reviendrai après le mot *prindrai*.

Ludher, *Lothaire*, nom propre. On disoit en latin LOTHARIUS, LEUTHARIUS, etc. Ce mot francique est composé de *leut, peuple*, et de *herr, maître, seigneur, chef*. Il répond à *Archidamus*. (*Voy*. mon Traité des Noms.)

Plusieurs savants ont cru que *ab* et *Ludher* ne devoient faire qu'un seul mot, *abludher*, qui pouvoit signifier *à lui* ou *avec lui*. Fauchet, Bodin, Petit-Pas, Pithou, D. Rivet, D. Bouquet, et autres, ont suivi cette leçon bizarre. Quant à Borel, pour mieux défigurer la phrase, il écrit *abladher*.

Nul, *nul*, du lat. NULLUS. Ce mot n'a aucune difficulté; c'est le cas de régime du masculin. Le cas de sujet est *nuls*. Dans la suite, l'orthographe de ce mot a beaucoup varié.

Plaid, *traité, accommodement*, du lat. PLACITUM, par la suppression du *c*, et l'adoucissement de la dentale. Ce mot *plaid* s'est écrit de plusieurs manières, et a un très-grand nombre de significations, qui toutes ont rapport à l'action de *discuter*. Le mot *thing*, dans le serment francique, est parfaitement analogue.

On doit prononcer *plaid* d'une seule émission de voix, mais faire sentir distinctement les deux lettres de la diphthongue.

Nunquam, *ne.... jamais.* Ce mot est purement latin.

Pour la prononciation de la première syllabe de *nunquam,* voy. *Amur,* (pag. 7). On peut exprimer celle de la seconde par *kan.*

Du Chesne, D. Bouquet, M. de Roquefort, et autres, écrivent *numquam.* L'abréviation de ce mot, dans le manusc., en rendant l'orthographe incertaine, je crois qu'il faut adopter la plus simple.

Prindrai, *je prendrai,* fut. de *prindre* (du lat. PREHEN-DERE). Ce mot *prindrai* peut être formé du fut. second *prehendero.* On remarquera en passant que le premier fut., tant en françois qu'en langue romane, est toujours formé du second fut. des verbes latins ; si mieux on n'aime le regarder comme composé de l'infinitif actif et du verbe HABEO. On pourroit en dire autant de l'italien, de l'espagnol, et de tous nos patois.

Bullet a lu *prindray.* Cette leçon est contraire au manusc. et à l'antiquité de ces serments. Frickius lit *prindra ;* c'est encore pire.

Ab Ludher nul plaid nunquam prindrai, signifie mot à mot, *de Lothaire nul accommodement ne prendrai jamais,* c.-à-d., *je ne prendrai jamais avec Lothaire aucun arrangement.*

Dans ce passage, on a toujours cru que *ab* signifioit *avec ;* je pense que, mot à mot, on doit le rendre par *de,* qui est sa signification ordinaire. Au reste, cela revient au même, et le premier sens pourroit se défendre par les nombreux rapports que *de* et *avec* eurent toujours ensemble. C'est ainsi qu'en latin on se servoit souvent indifféremment de ʌ ou de cum; comme on peut s'en convaincre par les expressions ʌ prima luce, ou cum prima luce, et autres semblables.

On pourroit aussi objecter, mais vainement, que le mot *avec* se trouve dans le serment francique; la construction de cette phrase y est entièrement différente: *Avec Lothaire*, y est-il dit, *je ne viendrai à aucun accommodement: Mit Luheren in nohheiniu thing ne gegango.*

Ceux qui ont cru que *ab Ludher* signifioit *avec lui*, ont pu croire que *plaid* devoit ici se rendre par *querelle*. Aussi traduisent-ils, *et à luy n'auray querelle!* J'y reviendrai après *sit*, qui est le dernier mot du serment.

Qui, *qui*, *lequel*. Ce mot est purement latin. On doit prononcer *ki*, comme nos pères l'écrivoient souvent. C'est le cas de sujet, tant du sing. que du plur. masc. Le cas de régime pour les deux nombres est *cui*. Au IXe siècle, ce pronom *qui* conservoit encore le genre neutre: *quid*, pour le cas de sujet et l'acc. singuliers; *quæ*, pour le cas de sujet et l'acc. pluriels. (Voy. *quid*, pag. 29, et *quæ*, dans le serment du peuple.) Dans la suite, cette dernière forme, *quæ* ou *que*, a entièrement perdu sa valeur de cas de sujet, ne conservant que celle d'acc., qu'elle avoit usurpée dans les deux autres genres et dans les deux nombres. Ce changement de valeur a dû commencer à s'opérer dans le Xe siècle, époque de l'entière disparition du genre neutre. C'est même à cette disparition qu'il faut l'attribuer. Depuis le XIIIe siècle, l'emploi de *que* est toujours resté le même ; et nous disons encore, *l'homme que je vois, la femme que je vois ; les hommes que je vois, les femmes que je vois.*

Fauchet, Petit-Pas et Leibnitz ont lu *que.* Cette mauvaise leçon est contraire au manusc.

Vol, *vouloir, volonté.* En passant dans la langue romane, l'infinitif VELLE s'est transformé en *volle* ou *vole,* par analogie de VOLO, VOLUI, VOLUISSEM, etc. *Vole* s'est pris comme subst. ; il s'est ensuite changé en *vol,* par la suppression de sa voyelle finale. Ainsi *vol, volonté,* provient d'un infin. pris substantivement. Comme verbe, *vole* s'est changé, par analogie, en *voleir;* d'où notre mot *vouloir.* Par sa nature, le mot *vol* n'étoit pas susceptible d'avoir deux cas distincts ; aussi n'a-t-il qu'une seule forme pour le sujet et le régime.

Meon vol signifie proprement, *de ma volonté, par ma volonté; med voluntate, secundùm voluntatem meam.* Les deux mots sont au cas de régime, et chacun d'eux est censé à l'ablatif. Les Latins avoient des désinences distinctes qui leur tenoient lieu de prépos. : ils pouvoient donc sous-entendre ces dernières ; et comme non seulement nos mots, mais encore nos expressions furent d'abord calquées sur les leurs, de même qu'ils disoient *med voluntate,* au lieu de *à med voluntate* ou *è med voluntate;* ainsi nos pères, sans avoir la même ressource, ont dit, *meon vol,* pour *à meon vol* ou *de meon vol.* Rien de plus fréquent,

dans nos vieux auteurs, que ces ablatifs sans pré-
positions. Ex.:

Et la rue du Vin-le-Roy,
Dieu grace, où n'a point de desroy.
    Le dit des rues de Paris, v. 388, fabl. B. tom. 2.

Ne la rue n'oubli-ge pas
Symon-le-Franc. *Mon petit pas*,
Alai vers la porte du temple.
    Ib. v. 423

Cist meon fradre Karle, à ce mien frère Charles,
ECCISTI MEO FRATRI KAROLO. Tous les mots de cette
expression ont été analysés. Il faut observer seulement
que *Karle* offre une nouvelle forme, une variété de
Karlo. Ainsi le cas de sujet seroit *Karlus*, et celui
de régime, *Karlo* ou *Karle.* Au reste, *Karle* vient de
Karlo, et par conséquent lui est postérieur : peut-être
même cette forme s'est-elle introduite ici dans le
Xe siècle seulement.

Quant à l'absence de la prépos. *à* (dérivée de *ad*),
devant le cas d'attribution, on en retrouve de fréquents
exemples jusque dans les écrits du XIIIe siècle. Ex. :

Celui qui se velt commander,
N'ose enemis riens demander.
    Ste. Léocade, v. 2169, fabl. B. t. 1.

Plusieurs savants ont cru que *cist* faisoit partie du
mot précédent, *vol.* En conséquence ils ont lu : *Meon,
volcist meon fradre Karle.* Fauchet, Dupleix et Le-
Gendre ont suivi cette mauvaise leçon. Fauchet lit, en
outre, *Carle* au lieu de *Karle.* Au lieu de *cist*, Isaac
Pontanus et Pithou lisent *eist ;* Ferrarius *eiss*, et Borel
dist. Schœpflin et Oberlin suppriment le mot *Karle.*

Damno, *dommage*, du lat. DAMNUM. *Damno* est ici en
régime ; mais il seroit le même au cas de sujet ; car les
mots formés des neutres en *um* ne pouvoient avoir
qu'une seule désinence. L'*o* de la terminaison n'a pu
disparoître ici, à cause des deux consonnes qui le précèdent : en supprimant la dernière, nos pères ont dit
dam, quelques siècles plus tard.

Sit, *soit*. Ce mot est purement lat. Dans le *Specimen* que
M. de Roquefort a donné de ces serments, l'*s* est cou-
pée à la manière d'une *f*; ce qui pourroit induire en
erreur. Le manusc. n'est point équivoque.

Et ab Ludher nul plaid nunquam prindrai, etc.
signifie donc mot à mot, *et de Lothaire nul accord
jamais je ne prendrai, qui, de ma volonté, soit en
dommage à ce mien frère Charles*, qu'on peut rendre
par, *et avec Lothaire je ne prendrai jamais aucun
arrangement, qui, de ma volonté, puisse être dom-
mageable à mon frère Charles, que voici*, ou *à
mondit frère Charles*.

Cette phrase a été souvent mal entendue. Bodin traduit, *et à luy n'auray querelle que de mon vouloir
soit, si mon frère Charles ne me fait tort.* Petit-Pas
suit le même sens. Selon Fauchet, on diroit : *et à luy
nul plaid onques je ne prendray, que de mon vouloir soit : à ce mien frère, ne que Charles en dommage soit.* En s'exprimant ainsi, il est certain que
le savant président ne s'entendoit pas lui-même. On
peut en dire autant des deux autres, quoique leurs
expressions aient quelque chose de moins obscur.

Dans l'analyse qui vient d'être faite des mots et des
phrases de ce serment, je n'ai rien pu dire de la ponc-

tuation. Je dois faire observer ici, qu'elle est extrêmement fautive, dans presque tous les textes que j'ai par-
courus, et qu'il en est de même pour le serment de
l'armée.

Voici maintenant quelques extraits de différents serments en basse latinité. Ils sont tirés des Capitulaires
de nos rois de la seconde race. Leur comparaison avec
le monument qui nous occupe n'est pas sans utilité.

*Formule du serment que Charlemagne exigeoit de ses
peuples.* (Cap. Baluz., tom. I*er*, pag. 377.)

Sacramentalè qualiter promitto ego quòd, *ab isto
die in antea*, fidelis sum domno Karolo..........
pura mente, absque fraude et malo ingenio, de meâ
parte ad suam partem......*sicut, per drictum, debet
esse homo domino suo.* Si me adjuvet Deus......,
quia, diebus vitæ meæ, *per meam voluntatem, in
quantum mihi Deus intellectum dederit, sic* atten-
dam et consentiam.

Autre formule. (Ib.)

Sacramentalè qualiter repromitto ego domno Karolo. ......fidelis sum, *sicut homo, per drictum,
debet esse domino suo.* ....

Autre formule, pour Charles-le-Chauve, roi de France.
(Cap. Baluz., tom. II, pag. 71.)

Ego (*ille*), Karolo Hludowici et Judithæ filio, *ab
istá die in ante*, fidelis ero, *secundùm meum savirum, sicut francus homo, per rectum, esse debet
suo regi.* ....

Serment que le clergé et le peuple prêtèrent à l'empereur Louis-le-Débonnaire et à Lothaire son fils, en 824. (Cap. Baluz., tom. I^{rr}, pag. 647.)

Promitto ego (*ille*), per Deum. . . . . . . quòd, *ab hac die in futurum*, fidelis ero dominis nostris. . . . . *juxta vires et intellectum meum.*

Serment que se prêtèrent mutuellement, en 854, l'empereur Lothaire, et Charles, roi de France. (Cap. Baluz., tom. II, pag. 74.)

Ab hodierna die et deinceps, si. . . . . *in quantum Dominus posse dederit* . . . . *adjutorium tibi defensionis præstabo. Si autem.* . . . . *adjutorium, in quantum potero, præstabo, si tu aut* filii tui *idipsum adjutorium mihi præstaveritis.* . . . .

Serment que les évêques prêtèrent à Charles-le-Chauve, en 872. (Cap. Baluz., tom. II, pag. 226.)

Quantùm sciero et potuero, adjuvante Domino, consilio et auxilio, secundùm ministerium, *fidelis vobis adjutor ero.* . . . .

Celui des laïcs, au même. (Ib.)

Quantùm sciero et potuero, adjuvante Domino, consilio et auxilio fidelis vobis adjutor ero. . . . . .

Autre, de tout le peuple, au même. (Ib.)

Sic promitto ego, *quia, de isto die inantea*, isti

seniori meo , quandiù vixero , fidelis et obediens et *adjutor, quantumcumquè plus et melius sciero et potuero.* . . . .

Serment que les évêques prêtèrent à Louis-le-Bègue en 877. (Cap. Baluz., tom. II, pag. 272.)

Ego (*ille*), ipse sic profiteor, *de istá die et deinceps,* isti seniori et regi meo, Hludowico, Karoli et Hermentrudis filio, *secundùm meum scire et posse,* et meum ministerium, *auxilio et consilio,* fidelis et *adjutor ero, sicut episcopus rectè seniori suo debitor est,* in meâ fide et meo sacerdotio.

Pacte ou serment que firent entre eux, en 860, Charles-le-Chauve et son frère Louis. (Cap. Baluz., tom. II, pag. 207.) (1)

A modo et deinceps, ad Dei voluntatem, et sanctæ ecclesiæ restaurationem et honorem atque defensionem, *et ad nostrum communem honorem et salvamentum atque profectum , et ad salvationem ac pacem christiani populi* nobis commissi, *isti fratri meo Karolo* (ou *Ludowico*), *et consilio et auxilio, in vera fraternitate, quantùm Deus mihi scire et posse dederit, fidelis adjutor ero.* Et si Deus. . . . . *illi sincerus auxiliator et cooperator ero, sicut verus frater vero fratri, per rectum, esse debet, in hoc ut ipse similiter erga me conservet.* . . . .

---

(1) C'est presque la même chose que le serment de 842.

SERMENT DE L'ARMÉE DE CHARLES.

Si, conjonction. La même en françois et en latin.

Fauchet écrit *sy*. Cette leçon est contraire au manuscrit, et à l'antiquité de ces serments.

Lodhwigs, *Louis*, nom propre. On disoit en lat. LODOVICUS, LUDOVICUS, LUDHUVICUS, LODHUVICUS, LODHUWICUS, LUTHOUWICUS, etc.; en tudesque, *Lodwick*, *Ludwick*, *Ludhuwig*, *Ludwig*, *Hlodowick*, etc. Ce mot est composé de *leut*, *peuple*, et de *wik* ou *wig*, *citadelle*, *lieu de défense*, *refuge;* il signifie *refuge du peuple*, c.-à-d. *protecteur*, *défenseur du peuple*. (*Voy.* mon Traité des Noms.)

Le cas de sujet est *Lodhwigs* ou *Lodhuwigs*, pour *Lodhuwigus*, formé du nom. lat. *Lodhuwicus;* le cas de régime est *Lodhwig* ou *Lodhuwig*. L'un et l'autre ont perdu leur dernière voyelle, parceque sans elle ils sont assez longs.

Ici on a *Lodhwigs;* plus bas c'est *Lodhuwig*. Cette dernière orthographe est la plus conforme à l'usage des anciens Francs, qui écrivoient ce nom avec trois *u*, *Ludhuuuig:* je dis avec trois *u*, car les anciens Francs, ainsi que nos pères, ne connoissoient pas le *w*. Or la langue latine se refusant, pour ainsi dire, à cette accumulation de trois fois la même lettre, on avoit coutume d'écrire LODHUUICUS avec deux *u* seulement. C'est ainsi qu'on le retrouve presque par-tout dans la Chronique de Nithard. Le copiste a donc pu, par habitude, mettre *Lodhuuigs* au lieu de *Lodhuuuigs*, que je croirois préférable ici.

Ce mot *Lodhuuuigs* ou *Lodhuwigs* doit se prononcer *Lodhouonigs* en trois syllabes seulement. Si on écrit *Lodhuuigs* ou *Lodhwigs*, il n'y en a que deux, *Lodhouigs*.

Dans le manusc., *Lodhwigs* est écrit avec deux *u* simples, *Lodhuuigs*, parcequ'alors on n'employoit point le *w*. Plusieurs savants ont suivi cette ancienne orthographe. Elle peut se défendre ; je crois cependant qu'il est mieux d'écrire *Lodhwigs*. Au reste cela revient au même.

Bodin a lu *Ludovigs* ; Fauchet, *Luduuigs* ; Astruc, *Ludwics* ; Borel, *Ludhuuig* ; Isaac Pontanus, *Lodhuuig* ; Court-de-Gébelin et M. Gley, *Lodhuigs* ; enfin M. Champollion, toujours pour faire du nouveau, a cru devoir lire *Lodhuvigus*.

Sagrament, *les serments*, du lat. SACRAMENTA. Au singul. on diroit de même *sagrament*, formé de SACRAMENTUM. Dans ce mot, comme dans un très-grand nombre d'autres, le singul. et le plur. ne peuvent différer en rien. Ce n'est que dans les siècles modernes que l'*s* est devenue la marque générale de la pluralité : on pourroit même déterminer d'une manière certaine les causes de cet emploi ; mais ici, ce seroit sortir de mon sujet.

Il est bon de remarquer que le subst. *sagrament* n'a point d'article qui le précède, et que même, dans le cours des deux serments, on ne trouve pas l'article une seule fois. D'où l'on peut conclure qu'au IXe siècle, s'il n'étoit pas entièrement inconnu dans la langue romane, il y étoit au moins d'un usage extrêmement rare.

Tous ceux qui avant moi se sont occupés de l'explication de ce monument, ont cru que *sagrament* étoit au singul. J'y reviendrai après le mot *tanit*. Eckhart, Schœpflin, et autres, lisent *sacrament*. Non seulement cette leçon est contraire au manusc., mais encore à l'usage d'adoucir les consonnes, comme on le faisoit dans le IXe siècle, ainsi qu'on a pu le remarquer à l'occasion de *savir, podir, fradre*, et autres mots. Quant à Borel, je ne sais ce qu'il veut dire par son *sa gramnemque*. Il sépare la première syllabe, estropie les deux autres, et leur joint le relatif suivant.

Quæ, *que, lesquels.* La forme de ce mot est purement latine : c'est le plur. neut. de QUI, QUAE, QUOD. Il s'accorde en genre et en nombre avec *sagrament*. QUAE s'emploie comme sujet et comme accus. Aux autres cas, c'est *cui*. (Voy. *qui*, pag. 36.)

Il faut prononcer *ke*. C'est ainsi qu'on l'écrivoit souvent dans les XIIe et XIIIe siècles.

Jusqu'à présent on a toujours lu ce mot avec un *e* simple, *que*; c'est une erreur. Le manusc. n'a rien d'équivoque. Sous l'*e* de *que* se trouve un trait oblique, marque de la diphthongue. C'est ainsi qu'on l'indiquoit alors. On peut s'en convaincre à la seule inspection du manusc. de Nithard. Ex. :

Obsesse , f°. 26. v°. 2°. col. l. 9.
Sce mariæ , f°. 27. r°. 1re. col. l. 12 , etc.

Cet usage du trait oblique se retrouve aussi dans la plupart des anciennes impressions.

Son fradre Karlo, *à son frère Charles.* Ces mots sont ici au cas de régime ; ils doivent se traduire par le datif. (Voy. *son*, pag. 22 ; *fradre*, pag. 17 ; *Karlo*, pag. 18. Voy. aussi *cist meon fradre Karle*, pag. 38.)

Schœpflin et Oberlin lisent *fratre*. Du Cange, au lieu de *Karlo*, a lu *Karolo*, et Petit-Pas, *Karle*.

Plusie. s savants françois, qui se sont occupés de ces serments, ont cru que les mots *son fradre Karlo* étoient au nomin. Je reviendrai à cette inconcevable erreur, après le mot *conservat*.

Jurat, *jure* (*il*), 3ᵉ pers. sing. ind. prés. du verbe *jurar*, *jurer*. La forme de ce mot est purement latine.

On doit, je crois, prononcer *djurat*; c.-à-d. que le *j* est ici plus dur que dans *jo*. (Voy. *eo*, pag. 15.)

Dans le serment francique, le mot *gesuor*, qui répond à *jurat*, est au parf. On ne doit pas en conclure que *jurat* y soit également. Sa forme, il est vrai, ne s'y refuseroit pas; mais la phrase seroit moins conforme au génie de la langue romane.

Conservat, *conserve*, *observe*, *tient* (*il*), 3ᵉ pers. sing. ind. prés. du verbe *conservar*. La forme de ce mot est purement latine.

Si Lodhwigs sagrament quœ son fradre Karlo jurat, conservat, se traduiroit mot à mot par, *si Louis observe les serments qu'il jure à son frère Charles,* ou plus conformément à la langue françoise, *si Louis tient le serment qu'il vient de jurer à son frère Charles*. On pourroit dire en lat., *si Lodhwicus sacramenta, quœ suo fratri Karolo jurat, conservat*.

Cette phrase est claire dans les deux textes. Bodin, Borel, Petit-Pas, et autres, l'ont parfaitement entendue. Comment donc a-t-on pu traduire, *si Louis garde le serment que son frère Charles luy a juré*. Cette erreur de Fauchet a eu cependant de nombreux sectateurs, parmi lesquels on doit citer Bonamy, M. dé

Roquefort, et M. Champollion. Selon les deux premiers, on diroit : *si Louis observe le serment que son frère Charles lui jure ;* selon l'autre, *si Louis observe le serment que son frère Charles a juré.* Eh! quoi de plus contraire à la grammaire et à la raison? Cette interprétation peut être combattue par trois arguments invincibles.

1° L'expression *son fradre Karlo* est au cas de régime ; et dans le serment francique, le datif y est clairement exprimé.

2° On *ne tient point,* on *n'observe point les serments d'autrui,* mais *les siens propres,* quand on est de bonne foi.

3° Enfin, Charles avoit prêté serment en langue francique ; comment son armée auroit-elle pu l'entendre, puisque Louis avoit été obligé de faire le sien en langue romane, pour en être entendu?

Meos, *mon,* du lat. MEUS. (Voy. *Meon,* pag. 17.)

Petit-Pas, Du Cange (en marge), Fréher, Eckhart, Schœpflin et Oberlin, lisent *meo.* Cette leçon est contraire au manusc. et au génie de la langue romane.

Sendra, *seigneur, maître,* du lat. SENIOR, qui, dans le moyen âge, s'est pris dans le même sens. La forme de ce mot a désespéré les commentateurs. Tous l'ont crue fautive ; c'est une erreur. La seule désinence *a* pourroit être douteuse ; peut-être vaudroit-il mieux *sendre.* L'un et l'autre cependant sont admissibles. (*V.* ce que nous avons dit de *fradre* et de *fradra,* p. 17.) *Sendre,* ou *sendra,* est formé de SENIOR, comme *juindre,* qui en langue romane, signifie *garçon, compagnon,* est formé de JUNIOR ; comme *mendre, moindre,* l'est de

MINOR, et *meldre, meilleur*, de MELIOR. Les mots lat. terminés en *r*, et dont le gén. se forme par la simple addition de *is*, passèrent d'abord dans la langue romane avec un cas de sujet et un autre de régime. Mais les voyelles finales étant brèves, le régime n'avoit presque aucune différence avec le sujet. Ils devoient donc souvent se mettre l'un pour l'autre, et cela d'autant plus, que le cas de régime avoit coutume lui-même de perdre sa voyelle, lorsque le mot étoit un peu long. On devoit donc avoir indifféremment, pour l'un et l'autre cas, *senior* ou *seniore*, *junior* ou *juniore*, *minor* ou *minore*, *melior* ou *meliore*; et de même, *grandior* ou *grandiore*, *amor* ou *amore*, *valor* ou *valore*, etc. Lorsque la dernière forme ne perdoit pas sa désinence, elle s'abrégeoit par la syncope de la pénultième : ainsi de *grandiore, plus grand*, s'est formé *graindre*. On a eu de même *senre* de *seniore*, *juinre* de *juniore*, *minre* de *minore*, *melre* de *meliore*; et par l'intercalation de la lettre *d*, *sendre*, *juindre*, *mindre*, et *meldre*. Cette intercalation est inévitable : pour la prononciation de l'*n* ou de l'*l*, la pointe de la langue s'appuie fortement sur la racine des dents supérieures; tandis que, pour prononcer l'*r*, elle ne fait que toucher légèrement le palais, à un doigt des dents. Donc après l'articulation de l'*n* ou de l'*l*, s'il suit une *r*, la langue doit quitter les dents et se porter en arrière, avant de pouvoir l'articuler. Or ce mouvement est justement celui qui produit les dentales : donc involontairement on fera sentir une dentale entre les deux liquides; mais, comme on n'en a pas l'intention, c'est la plus foible qu'on articulera, c.-à-d. le *d*.

Il existe encore dans notre langue un grand nombre de mots formés par le même principe d'intercalation. Ex. : *tendre, gendre, cendre ; peindre, feindre, ceindre, teindre, atteindre, éteindre, étreindre, contraindre, enfreindre, plaindre, oindre, engendrer,* je *viendrai,* je *tiendrai.* = *Poudre, foudre, coudrier ; moudre, soudre, absoudre, dissoudre,* je *voudrai,* etc. Voici la marche de leur formation : TENER, *tenere, tenre, tendre ;* GENER, *genere, genre, gendre ;* CINIS, *cinere* (des cas obliques), *cinre, cendre ;* PINGERE, *pinere, pinre, peindre ;* FINGERE, *finere, finre, feindre ;* CINGERE, *cinere, cinre, ceindre,* etc. = PULVIS, *pulvere* (des cas obliq.), *poulre, pouldre, poudre ;* PULGUR, *fulgure* (des cas obliq.), *foulre, fouldre, foudre ;* CORYLUS, *coryle* (des cas obliq.), par métathèse *colyre, coulrier, couldrier, coudrier ;* MOLERE, *molre, mouldre, moudre ;* SOLVERE, *solere, solre, souldre, soudre,* etc. (1).

Les savants ont cru qu'il faudroit lire *senhor, senior* (ou *senora,* selon Isaac Pontanus), au lieu de *sendra.* Ils pensent que ce dernier ne signifie rien : cependant ils le laissent subsister ; mais plusieurs d'entre eux modifient sa forme : ils lisent *sender,* qui leur paroît sans doute plus convenable, et qui est entièrement barbare. Il en est aussi qui joignent ce mot à celui

---

(1) Il y a environ dix ans que je fis l'ensemble de cette note ; (c'étoit à l'occasion des cas obliques de Ἀνήρ). Elle fut publiée par le savant helléniste M. G., qui l'inséra dans ses désinences, avec des retranchements, additions, et autres changements qu'il crut nécessaires.

qui précède. Ainsi, au lieu de *meos sendra*, Fauchet lit *meossender ;* Bodin, *meosender ;* Borel, *meos-sendra ;* Du Cange (en marge), *meo sender*, et Petit-Pas, *meo sandre.*

De, préposition ; la même en franç. et en lat. (Voy. *d'ist*, pag. 11.)

Borel et Isaac Pontanus lisent *in* au lieu de *de.* J'ignore où ils ont pu prendre cette leçon.

Suo, *sa*, du lat. sua. On doit prononcer *souo*, d'une seule émission de voix. L'*o* qui termine ce mot est bref et ouvert. Il a par conséquent beaucoup de rapport avec l'*a* dont il tient la place. L'un et l'autre supposent la même disposition des organes. Les lèvres seulement ont moins d'ouverture dans la prononciation de l'*o*. Dans toutes les langues, ces deux voyelles se sont mises souvent l'une pour l'autre ; et dans le patois périgourdin en particulier, l'*o* s'est introduit presque par-tout. Ex. : *po* pour *pa*, de panis ; *plo* pour *pla*, de planè ; *mio*, de mea ; *touo*, de tua ; *souo*, de sua, etc.

Suo ne peut pas avoir deux formes différentes pour le régime et le sujet.

Part, *part*, du lat. pars. *Part* est le cas de régime ; d'abord on a dit *parte. Pars*, qui est purement lat., est le cas de sujet.

Du Cange (en marge), et Petit-Pas lisent *par.* Ce mot ne signifie rien.

Non, *non*, ne. Cette conjonction est purement latine. Nous l'avons aussi en françois, mais d'un usage moins étendu : *ne* l'a souvent remplacée. L'*n* finale de ce mot est plus sensible que dans notre langue. On doit cependant l'articuler beaucoup moins qu'on ne le feroit en

latin. Quant à l'*o* qui la précède, il n'est point ouvert;
il faut le prononcer des lèvres. Le son de ce mot
approche beaucoup de *noun* ou *nóun*. *Nun* se pronon-
ceroit de même. (Voy. *Amur*, pag. 7.) On a donc pu
écrire presque indifféremment *non* ou *nun*. Cette dernière orthographe se trouve plus bas; mais, comme
moins ancienne, elle pourroit appartenir au copiste.

Borel lit *un*, Court-de-Gébelin *nou*, et Fauchet *no*,
qu'il fait tenir avec le mot suivant.

Los, *les*, *ceux-là*, acc. plur. masc. du pron. *il*. Voici sa
déclinaison au IXe siècle :

SINGULIER.

Nom.	m. *il*, fém. *illa*;	En fr. *il*, *elle*;	Du lat. ILLE, ILLA.
Gén., dat.	*li* (p^r les deux g.);	*lui*;	ILLI.
Acc.	m. *lo*, fém. *la*;	*le*, *la*;	ILLUM, ILLAM.

PLURIEL.

Nom.	*li* (p^r les deux g.);	» »	ILLI.
Gén., dat.	*lor* (p^r les deux g.);	*leur*;	ILLORUM.
Acc.	m. *los*, fém. *las*:	*les*, *les*;	ILLOS, ILLAS.

Dans la suite, les différents cas de ce pronom ont
éprouvé beaucoup de changements dans leurs valeurs
respectives.

En espagnol, on dit de même *los*; en patois périgourdin, c'est *lous*. Bonamy est dans l'erreur, lorsqu'il
prétend que *lo*, *lou* et *los* sont la même chose et signi-
fient *le* : les deux premières formes sont singulières, et
la seconde n'appartient qu'au pluriel. Plusieurs savants
lisent *lo*, et portent l's sur *tanit*, qui alors ne signifie
plus rien. J'y reviendrai après ce mot.

Tanit, *tient*, 3e pers. sing, ind. prés. du verbe *tanir*,
pour *tenir*, du lat. TENERE.

5

Non los tanit, ne les tient, n'a donc aucune difficulté ; on diroit en lat. NON ILLA TENET.

Fauchet, comme j'ai déjà eu occasion de le faire remarquer, lit *nolo stanit,* et Borel *un los tanit.* Selon Schœpflin, on diroit *non los tenet,* et suivant Petit-Pas et Bodin, *non lostaint.* Du Cange (en marge) lit *non los taint;* D. Bouquet, MM. de Roquefort, Champollion, et Gley, *non lo stanit.*

Reprenons maintenant toute la phrase : *Si Lodhwigs sagrament quæ son fradre Karlo jurat,* etc. Elle est parfaitement claire, et signifie mot à mot : *Si Louis garde les serments* (c.-à-d. *les promesses) qu'il jure à son frère Charles, et Charles mon seigneur, de sa part* (c.-à-d. *de son côté), ne les tient......*

Le pron. *los* démontre clairement que *sagrament* n'est pas au singulier.

Jo, *je,* le même que *eo.* (*Voy.* ce mot, pag. 15.) Quant à la différence d'orthographe, je crois qu'elle tient à la position. Il paroît que déjà dans le IXe siècle l'*é* de *eo* approchoit beaucoup de l'*i* par son exiguité. De là il est résulté que lorsque le mot *eo* s'est trouvé après un *i* auquel il pouvoit se joindre et participer, il a conservé son orthographe, parcequ'au moyen de cet emprunt il ne manquoit plus rien à sa prononciation. Ex. : *salvarai-eo* et *cui eo.* Lorsqu'au contraire il s'est trouvé après un *i* auquel il ne pouvoit en rien participer, ou après une autre lettre, il a dû lui-même prendre ce qui lui manquoit. Ex. : *si jeo* (ou *jo),* *ne jeo* (ou *jo).*

Returnar, *retourner, détourner,* du lat. barb. RETORNARE.

Ce mot n'a aucune difficulté. (Pour sa prononciation, voy. *Amur,* pag. 7.)

Bodin lit *retournar*, et Fauchet *retornar*. Ces leçons sont contraires au manuscrit.

L'int, *l'en*, *lui de là*, *lui de cela*, par élision pour *lo int*. *Int* est un adv. formé de INDE; il signifie *de là*, et par extension, *de cela*. On a dit ensuite *ent*. De cette dernière forme vient notre mot *en*, dont la valeur est absolument la même. *L'int* pourroit se rendre en lat. par ILLUM INDE.

On a coutume de ne faire de cette expression qu'un seul mot, *lint*; c'est ainsi qu'on l'a toujours lue. Le seul Bonamy l'a écrite correctement dans ses notes; pour le texte, il a suivi l'usage. Fauchet joint à ces mots la négation qui précède; selon lui, on auroit *no lint*. C'est *non lo*, selon Bullet et La Ravallière. *Non luit* est la leçon du savant Bodin!!! Astruc pense qu'il faudroit lire *non lim*.

Pois, *puis* (*je*), 1ʳᵉ pers. sing. ind. prés. de *poir*, pouvoir. *Poir* est formé de *podir*, et celui-ci de POTERE (pour POSSE). (Voy. *Podir*, pag. 13.)

On doit prononcer *pois* d'une seule émission de voix, mais faire sentir distinctement les deux lettres de la diphthongue.

Si jo returnar non l'int pois signifie proprement, *si je ne puis retourner lui de là*; *si je ne puis le détourner de cela*, c.-à-d., *si je ne puis le détourner de l'action d'enfreindre ses serments*; car *ne pas tenir ses serments*, c'est *les enfreindre*. (Après *iver*, dernier mot du serment, je reviendrai à cette phrase.)

Ne, *ni*, du lat. NEC ou NE. Ce mot n'a aucune difficulté.

Neuls, *nul*, du lat. NULLUS. (Voy. *Nul*, pag. 34.) C'est ici le cas de sujet. *Nuls* seroit plus régulier; mais l'*c* a pu s'introduire dans ce mot pour l'euphonie. Au cas de régime, cela étoit moins nécessaire , parceque la prononciation en est facile. Quoi qu'il en soit, cette voyelle ne fait que modifier le son de l'*u*, et il faut bien prendre garde de faire sentir ici une diphthongue. C'est un son simple, qui a beaucoup de rapport avec celui que nous donnons à ces deux lettres dans notre langue.

Fauchet lit *nuls ;* Bodin , Borel , **Petit - Pas** , **Du Chesne** , et autres, *veuls.* Cette dernière leçon ne donne aucun sens.

Ne neuls , ni aucun. Les deux négations ne doivent pas effrayer ; rien n'est plus fréquent dans la langue romane. Ex. :

Cil desnoieit davant toz, et se dit : *Ne ni* sai *ne ni n*'entend ce ke tu dis.

Fragment d'une traduction de la passion,

Ainsi on rendroit ces mots en lat. par nec aliquis. Cui, *que, lequel.* C'est le cas de régime de *qui.* (**Voy.** *Qui,* pag. 36.)

L'*u* de ce mot doit se prononcer comme en françois.

Après *cui,* Court-de-Gébelin lit *jo,* au lieu de *eo.* (*Voy.* pag. 52.)

Int, *en, de là, de cela.* (Voy. *L'int,* pag. 53.)

Fréher, Eckhart, Schœpflin, Oberlin, et autres, lisent *nit.* Ce mot ne signifie rien. Schilter fait tenir *int* avec le mot précédent : il lit *returnarint ;* mais il pense, comme les autres, que *returnar nit* pourroit bien être préférable. Suivant Bodin , ce seroit *me ;* selon Du Cange (en marge) , *me* ou *nit :* il adopte cette dernière leçon. Fauchet lit *ni*. Quant à Bullet, il a cru sans doute qu'il seroit beau de lire *inxt*. Prononcera ce mot qui pourra : je pense qu'il est bas-breton ; mais je ne me suis pas donné la peine de vérifier ma conjecture.

Nulla, *nulle*, fém. de *nuls*. La forme de ce mot est purement latine, et il n'est pas susceptible d'avoir deux cas différents, à cause de sa terminaison en *a*.

Fauchet a lu *nula*, et Petit-Pas *nullo*. Ces deux leçons doivent être rejetées.

Ajudha, *aide*. (Voy. *Adjudha*, pag. 19.) *Adjudha*, dans le premier serment, et ici *ajudha*. Cette différence d'orthographe vient évidemment du copiste : d'abord il avoit écrit *ajuha* ; il a ensuite ajouté un *d* au-dessus de la seconde syllabe, oubliant sans doute d'en faire autant pour la première. De là on pourroit conclure que déjà dans le Xe siècle nous avons dit *ajue* au lieu de *adjudha*. En effet, nos auteurs les plus anciens s'expriment ainsi ; et S. Bernard, qui vivoit au commencement du XIIe, n'écrit pas autrement ce mot. Ex. :

> **Ensi k'il à ols nen à ceos ne puyent faire nule ajue.**
> ***Serm. de S. Bern.*, f°. 1. v°.**

Qu'on ne m'objecte pas que les mots de la langue romane étoient variés dans leurs formes, et qu'on pouvoit les écrire diversement.

Sans doute, d'après la manière dont la langue romane s'est formée, d'après son usage presque uniquement populaire pendant les sept ou huit premiers siècles, enfin d'après l'état de la France dans ces temps reculés, chaque mot a dû varier dans son orthographe, non seulement selon les temps, mais encore selon les lieux, et même les personnes, comme j'aurai occasion de le démontrer ailleurs : mais les variations d'un mot tombent ou sur sa désinence, ou sur sa propre racine ; et, s'il est hors de doute qu'un auteur puisse mêler les premières, même sans motifs, en général il n'en est pas ainsi des secondes. Je concluerai de là que *ajudha*, qu'on avoit d'abord écrit *ajuha*, tient à l'orthographe du Xe siècle, et n'est qu'une faute de copiste. Cependant, comme je me suis fait une loi de ne rien changer au texte de ces sermens, je la laisserai subsister.

Dans le *specimen* de M. de Roquefort, ce mot est mal gravé ; l'*a* est trop éloigné de l'*i* ; ce dernier n'a pas la tête assez forte. Il étoit un peu effacé dans le manuscrit.

Bodin, Borel, Du Cange, Schœpflin, Oberlin, M. de Roquefort, et autres, ont mis *adjudha*. Selon le celtomane Bullet, ce seroit *adjugha*.

Contra, *contre*. Ce mot est purement latin.

Lodhuwig. Ce mot est ici au cas de régime. (Voyez *Lodhwigs*, pag. 43.)

Bodin lit *Ludovig*, Borel *Lodhuvig*, Fauchet *Luduuig*, etc.

Nun, *non*. (Voy. *Non*, pag. 5o.)

Borel lit *num*. Fauchet fait *nudi* de *nun li*. Ces leçons ne sont pas moins contraires à la langue romane qu'au manuscrit.

Li, *à lui*. (Voy. *Los*, pag. 51.) Du Cange a lu *si*.

Iver, *irai (je)*, du lat. IVERO.

Encore ici le *fac-simile* de M. de Roquefort est en

défaut, et m'avoit d'abord induit en erreur. Au lieu d'*iver*, j'avois lu *vier* pour *fier*, du lat. FIERO, fut. 2 de FIO ; et cette leçon me paroissoit d'autant plus probable, qu'elle répondoit parfaitement au mot *uuirdhit*, dans le serment thiois. Mais l'examen du manuscrit changea bientôt ma conjecture : l'*i* est très-distinctement dessiné au commencement du mot, c.-à-d. que le premier jambage de ce mot a la partie supérieure fort large ; tandis que dans le *specimen* elle est très-déliée.

Une fois certain de la première lettre, je n'ai pas dû balancer un instant. Il étoit facile de choisir entre *juer* et *iver* : non seulement le premier feroit avec *in ajudha* une répétition vicieuse, mais *iver* est très-près d'*ivero*, tandis que *juer* est éloigné de JUVARO OU JUVAVERO.

Quant à ma conjecture, j'aurois pu la défendre, en supposant que le copiste lui-même s'est trompé, et a lu *iuer* pour *uier*. En effet, la différence des deux mots ne consistant que dans le plus ou moins d'épaisseur de deux jambages, il étoit facile de s'y méprendre.

J'en dirois autant de la conjecture de Du Cange. Il propose *fuer*, du lat. FUERO. Il seroit possible, en effet, que l'*f* s'étant trouvée effacée dans sa partie supérieure, le copiste l'eût prise pour un *i*.

Mais tout cela n'est que supposition ; et comme on ne doit pas se permettre de changer un texte dès qu'il peut s'entendre, que d'ailleurs *iver* va très-bien dans la phrase, on doit le conserver.

On ne m'objectera pas sans doute que, dans les deux textes, les mots doivent être identiquement les mêmes ; il suffit, en effet, que les phrases présentent le même sens.

Du Cange, Isaac Pontanus, Bonamy, M. de Roquefort, et autres, lisent *juer*; et comme anciennement le *j* et le *v* n'avoient aucune différence avec l'*i* et l'*u*, plusieurs savants, tels que Fauchet, nous ont laissé dans l'incertitude sur leur opinion, en écrivant *iuer*. Quelques modernes, pour se tirer d'embarras, en ont usé de même.

Je reprends la phrase entière : *si jo returnar non l'int pois; ne jo, ne neuls cui eo returnar int pois, in nulla ajudha contra Lodhuwig nun li iver.* Elle signifie mot à mot : *si je ne puis le détourner de cela; ni moi, ni aucun que je puis détourner de cela, n'irai à lui en nulle aide contre Louis;* ou : *si je ne puis le détourner de cela, ni moi, ni aucun que je puisse détourner de cela, n'irons à lui en nulle aide contre Louis;* ce qui revient à : *si je ne puis le détourner de cette infraction, ni moi, ni aucun de ceux que je pourrai en détourner, nous ne l'aiderons en rien contre Louis.*

Il est bon de remarquer que le fut. *iver* est au sing., ne se rapportant qu'à *ne jo,* parceque *ne jo,* ... *iver* est la principale proposition ; tandis que *ne neuls cui eo returnar int pois* est accessoire, et peut être considéré comme une expression incidente.

On pourroit, il est vrai, regarder *iver* comme une 3e pers.; et alors c'est à *ne neuls,* second nominatif de la phrase, qu'il se rapporteroit grammaticalement: cela seroit même plus conforme à l'expression teutonique, mais beaucoup moins à l'antiquité de ces serments.

Du Cange a traduit : *si ego retornare non possim, vel nolim ad eum retornare, in nullo ei auxilio eo contra Ludovicum.* Il a très-bien fait assurément d'a-jouter dans ses notes, *nescio an benè reddiderim.*

Selon Bodin, on diroit : *si détourner je ne le puis, je ne veux avec luy retourner en paix, ne luy pres-ter aucune obéissance.* C'est également la version de Petit-Pas.

On auroit, selon Fauchet : *et je destourner ne l'en puis-je, ne nul de ceux qui destourner ne l'en pour-ront, ne luy porterons ayde aucune contre Louis.*

Isaac Pontanus trouve le tout fort obscur. Il n'y auroit qu'un OEdipe qui pût l'expliquer : OEDIPO ITA-QUE OPUS SIT. En conséquence, il renvoie à son ami Thysius, qui, selon lui, s'en acquitte en ces termes : *si je détourner ly ne puis ni je ni nullui détourner lui ne puis, en nulle aide contre Louis avec lui iray.*

Borel a cru sans doute qu'il étoit impossible de mieux faire ; il a pensé que le savant Thysius s'en ac-quittoit à merveille ; et, sans y changer une syllabe, il a adopté son élégante et correcte traduction !!

On diroit, selon La Ravalière, *si je détourner ne le puis, ni moi, ni aucun autre détourner ne le peut,* etc.

Enfin, M. Champollion traduit : *si je ne puis l'y ramener, ni moi, ni aucun que je pourrai y rame-ner, ne lui serons d'aucun secours contre Louis.* Cette phrase est son grand cheval de bataille ; il en fait, pour ainsi dire, le sujet d'une préface, où il s'exprime en ces termes : « Et d'après la première version connue « et servilement copiée, tout le monde a traduit : *si* « *Charles ne le tient, si je ne puis l'en détourner,* etc., « c.-à-d. d'une manière entièrement opposée au texte,

« et en faisant un contre-sens complet, parcequ'on n'a
« pas connu la force du mot *l'int*, ILLUM IN ; parce-
« qu'on n'étoit pas familiarisé avec ces crases si com-
« munes dans les langues vulgaires ; parcequ'enfin on
« expliquoit une langue qu'on n'avoit pas cultivée. »
Oh ! oh ! !

Cette conjecture de M. Champollion est très-certainement la plus spécieuse qu'il ait faite. J'aurai cependant l'honneur de lui faire les observations suivantes :

1° Le verbe *returnar* s'emploie fréquemment (ce
qu'il ignoroit sans doute) dans le sens de *détourner* ;
et le mot *iruuenden*, qui se trouve dans le serment
francique, ne signifie que cela.

2° *Non tanir* est, quant à la signification, absolument la même chose que *violer* ; et comme dans
toutes les langues on construit souvent plutôt selon le
sens que selon les mots, on a pu dire, *détourner du
non-tenir ses sermens*, c.-à-d., *de leur violation*.

3° Enfin, *l'int* n'est point une crase de ILLUM IN,
même dans le sens de M. Champollion. Il auroit dû
dire de *lo intus*. En effet, 1° dans le IXe siècle on ne
disoit point *illum*, mais *lo :* c'est donc sur cette dernière forme qu'a pu s'opérer la crase ou élision. 2° IN
n'est pas un adverbe, mais une préposition. Je n'ai
jamais vu ce mot employé autrement, si ce n'est peut-
être dans les écrits du XIVe siècle ; et alors on doit le
regarder comme une corruption de *ins*.

D'ailleurs, si l'adverbe *int* étoit la même chose que la
préposition *in*, d'où viendroit le *t* qui le termine ? Alors
il n'étoit point d'usage d'ajouter à la fin des mots des
consonnes étrangères ; et même, si on l'a fait depuis,

ce n'est que rarement, et pour la seule harmonie. C'est ainsi, par exemple, que dans le patois périgourdin, depuis un siècle environ, *en* prend un *d*, lorsqu'il suit une voyelle, et jamais autrement.

Il est, je crois, suffisamment démontré que, dans le sens de M. Champollion, *int* ne pourroit venir que de INTUS. Or, dans ces temps reculés, l'*s* finale d'un mot, et sur-tout d'un mot indéclinable, n'auroit pu disparoître : *intus* restoit le même ; dans la suite il est devenu *ints*, puis *inz* ou *ins*, *enz* ou *ens*. Dans nos vieux auteurs, on le retrouve presque toujours sous ces deux dernières formes. *Inz* ou *ins* s'est conservé dans le mot *dinz* ou *dins*, qui est ensuite devenu *dens* ; puis enfin *dans*, tel que nous l'employons aujourd'hui. Ainsi, pour le dire en passant, *dans* est la même chose que DE-INTUS ; *dedans*, DE-DE-INTUS ; *de dedans*, DE-DE-DE-INTUS.

Puisque *intus* a conservé son *s* dans tous les siècles, et la conserve encore dans le mot *dans*, il s'ensuit que *int* ne vient pas de INTUS, mais de INDE.

Donc, 1° *returnar* doit se traduire ici par *détourner* ; 2° *non-tanir* équivaut à *violer* ; 3° *int* ne sauroit avoir une autre origine que l'adverbe INDE. Ainsi, l'explication de M. Champollion est entièrement erronée, et n'a aucune base.

Nota. On trouvera à la fin de ce Mémoire un tableau général des leçons fautives suivies jusqu'à ce jour pour le texte roman.

SERMENT DE CHARLES (1).

In, *en, pour,* etc. Cette préposition gouverne le datif et l'accusatif. Elle est ici dans le sens de *pour,* et demande le dernier de ces cas. *Minna* est son régime.

Godes, *de Dieu,* gén. de *God.* Ce mot se trouve encore en flamand, avec la même orthographe. Les Allemands disent *Gott.*

Minna, *amour.* Ce mot est ici à l'accus.; mais la terminaison du nomin. est la même. Au lieu de *minna,* les Flamands disent *min* ou *minne.*

In Godes minna signifiera donc, *pour de Dieu amour,* c.-à-d. *pour l'amour de Dieu.*

Ind, *et.* On disoit aussi *indi. Ind* et *indi* sont devenus, par la suite, *end* et *ende.* Les Flamands disent encore aujourd'hui *en* ou *ende,* et les Allemands *und.* En anglo-saxon c'étoit *and.* Les Anglois ont conservé cette dernière forme.

Thes, *du,* génit. de *ther, le.* L'article *ther* signifie en outre, *ce* et *qui;* c.-à-d. qu'il s'emploie comme pron. démonstratif, et comme relatif. Les Allem. disent *der.*

Les trois mots *ind in thes,* n'en faisant qu'un seul dans le manusc., les savants les ont lus, séparés et corrigés, chacun à sa manière. Pithou, Isaac Pontanus, Schilter, et autres, lisent *induithes;* Juste-Lipse, *in-*

---

(1) Un grand nombre de savants françois ont rapporté le serment de Charles et celui de l'armée de Louis; mais, la plupart, sans chercher à les entendre. Je ne citerai pas leurs textes bizarres. J'en donnerai un seulement, à la fin de ces notes, comme objet de curiosité.

duites ; **Marq.** Fréher, Du Chesne. **M.** Gley, etc., *ind durh tes ;* Eckhart, *ind durch tes ;* Schœpflin, *in durh tes ;* Frickius, dans Schilter, a lu *induithes,* ajoutant entre parenthèses, LEC. *ind durh thes.* Selon le savant **M.** Grimm, ce seroit *indiu thes,* et ainsi des autres. Toutes ces leçons sont fautives et doivent être rejetées.

Christianes, génitif de *christian,* chrétien.

Ici, comme dans le texte roman, *christian* est écrit avec Xϛ, suivant l'ancien usage. On ne doit pas confondre ces deux lettres grecques avec l'*x* et le *p.*

Fréher et M. Gley conservent le x, et changent le ϛ en *r :* on écriroit selon eux *Xristianes.* Cette orthographe n'est pas admissible ; il faut l'un ou l'autre : X*pistianes,* par xρ, ou *christianes,* par *chr.* Cette dernière manière est même, je crois, la seule qu'on puisse employer maintenant.

Folches, *du peuple,* gén. de *folch, peuple, nation, multitude, troupe, vulgaire.* Les Allem. disent *volck.* Ce mot est analogue de VULGUS.

Unser, *de nous,* gén. de *uuir.* Les Allem. s'expriment encore de même. Les Flamands disent *onzer.*

Bedhero, *des deux, de l'un et de l'autre,* gén. de *bedho, l'un et l'autre, tous deux.* Les Allem. disent *beyde,* gén. *beyder. Bedhero* est adjectif de *unser : unsei bedhero, de nous l'un et l'autre, de nous deux.*

Juste Lipse lit *bedhere.* Le manuscrit n'a rien d'équivoque.

Gealtnissi, *salut, conservation.* C'est un nom neutre, dérivé de *halten,* aujourd'hui *gehalten, sauver, conserver.* Son nom. et son acc. ont la même terminaison. Gouverné par *in,* il est ici à l'acc.

Fréher, Eckhart, Schœpflin, M. Gley, et autres, lisent *gehaltnissi.* Cette leçon, fort bonne en elle-même, est contraire au manusc.; d'ailleurs elle n'est nullement nécessaire. Dans ces temps reculés, l'aspiration se mettoit souvent sans motif, et se retranchoit de même. Juste Lipse, Pithou, Vulcanius, Schilter, et Frickius, ont lu *gealtnisi;* Isaac Pontanus, *gealtenisi.* Le manuscrit n'est point équivoque.

L'expression *ind in thes christianes folches ind unser bedhero gealtnissi,* signifiera mot à mot : *et pour du chrétien peuple et de nous deux salut,* c.-à-d., *et pour le salut du peuple chrétien et de nous deux;* ce qui revient à : *pour le salut du peuple chrétien et le nôtre commun.*

Frickius fait un contre-sens, lorsqu'il dit, *ob amorem Dei, populique christiani, ut et ad communem nostrúm utriusque salutem.*

Fon, *de.* Les Allemands disent *von* et les Flamands *van.*

Juste Lipse lit *von.* Cette forme est également contraire au manusc. et à l'antiquité de ces serments.

Thesemo, *de ce, à partir de ce,* ablatif de *ther,* HIC. (Voy. *Thes,* pag. 62.)

Juste Lipse lit *tesemo,* et M. Grimm, *thesenio.* Quelques savants joignent à *thesemo* le mot qui précède, et lisent *fonthesemo.*

Dage, *jour,* abl. de *dag.* Ce mot se trouve encore dans la langue flamande. Les Allemands disent *tag,* et les Anglois *day.*

Frammordes, *à l'avenir, en avant.* Cet adverbe est composé de *fram,* AB, EX, PRO, AD, et de *fort,* INDE, PORRO, ULTRA. On a dû dire d'abord *fram-fordes* ou *fram-*

vordes, DEINDE, AD PORRO. L'aspiration a pris ensuite la place de l'*f* ou du *v*, et a fini elle-même par disparoître ; mais le son de la première syllabe se conservant, l'*m* s'est doublée. Ainsi, *fram-fordes* ou *fram-vordes*, transformé d'abord en *fram-hordes*, est devenu enfin *frammordes*.

Fon thesemo dage frammordes signifie donc proprement, *de ce jour en avant*, c.-à-d. *dorénavant*, *à l'avenir*.

So, *ainsi, si, comme ;* en lat. SIC, UT. *So*....... *so, ainsi*....... *comme*, c.-à-d. *autant*....... *que ;* en lat. SIC....... UT. *Soso, ainsi que, comme ;* SICUT. *So*....... *soso, ainsi*....;.... *ainsi que*, c.-à-d. *ainsi*....,. *que, ainsi*....... *comme*.

Au lieu de *frammordes so*, Pithou, Isaac Pontanus, Schilter, et autres, lisent *frammordesso ;* Juste Lipse et Vulcanius, *frammor desso ;* Frickius, *frammorde so ;* M. Grimm, *framm ordesso*, etc. Toutes ces leçons sont incorrectes.

Fram, *grandement. Fram* est prépos. et adv. Comme **adv.**, ce mot indique, *extraction d'un lieu, mouvement en avant, augmentation, grandeur.*

So fram so signifiera donc mot à mot, *ainsi grandement comme*, c.-à-d. *autant que.*

Frickius et autres lisent *framso*. Ce sont deux mots distincts.

Mir, *à moi*, dat. de *ih*, allem. *ich*. *Mir* est encore dans la langue allem. Les Flamands disent *my*.

Got, *Dieu*, le même que *God*. (*Voy.* ce mot, pag. 62.)

Geuuizci, *science, savoir*. Ce mot est dérivé de *uuizzen* ou *uuizcen, savoir ;* all. *wissen*. Chez les Francs, on

mettoit indifféremment, dans plusieurs occasions, le *c*
ou le *z* ; d'où *geuuizzi* ou *geuuizei*. On disoit aussi
geuuissi ou *giuuissi*. Ex. :

Ther kundit, uuizistu thaz,
Uns in *giuuissi*,
Thaz Kristes gotuissi.

Denunciat, scias hoc, nobis pro certo, Christi deitatem.
Otfride, liv. V, chap. 8.

Frickius, Eckhart, Fréher, M. Gley, et autres,
lisent *geuuizei*. Cette leçon est contraire au manusc.,
et ne me paroît pas très - francique. Schœpflin lit
geuuizzei. C'est *geuuiz ei*, selon Pithou, Isaac Pontanus, Juste Lipse, Schilter, et autres.

Indi, *et*. (Voy. *Ind*, pag. 62.)

Boecler lit *indhi*.

Madh, *force, puissance ;* all. *macht ;* flam. **magt.** Les
Goths disoient *mahts.*

Eckhart lit *mahd.* Cette leçon, contraire au manuscrit, est parfaitement inutile.

Furgibit, *donne*, ou *donnera* (car la terminaison du
présent s'employoit également pour le fut.), 3ᵉ pers.
sing. de *furgibin.* Les Flam. disent encore *voorgeeven,
donner par avance, livrer.* Ce mot est composé de
fur ou *vor* (flam. *voor*), *pour, avant,* etc., et de *gibin*
(allem. *geben,* flam. *geeven,* goth. *giban*), *donner.*

Hald, *je défendrai. Hald* est la 3ᵉ pers. sing. ind. prés.
ou fut. de *halden ;* allem. *halten, protéger, sauver.*

Schilter lit *halt.*

Ih, *je ;* allem. *ich* (voy. *Mir,* pag. 65), flam. *ich,* anglosax. *ic,* island. *eg.*

Eckhart lit *ich.*

Tesan, *ce*, pour *thesan*, acc. de *ther* ou *dher*. (Voyez *Thesemo*, pag. 64.)

Au lieu de *ih tesan*, Juste Lipse, Isaac Pontanus, Pithou, Schilter, et autres, lisent *ihtis an*. Selon Vulcanius, Frickius, et Schœpflin, c'est *ih tisan*.

Minan, *mien*, acc. de *min*. Les Allem. disent au nomin. *mein*, et à l'acc. *meinen*.

Juste Lipse, Isaac Pontanus, Schilter, et Frickius, lisent *minam*. Cette leçon est également contraire au manusc. et aux principes de la langue.

Bruodher, *frère*, allem. *bruder*, flam. *broeder* ou *broer*, island. *brodur*.

Juste Lipse, Isaac Pontanus, Schilter, et autres, lisent *bruher*; Frickius, *bruther*; etc. Tout cela est inutile, et contraire au manuscrit.

Reprenons la phrase, *so fram so mir Got geuuizci indi madh furgibit, so hald ih tesan minan bruodher*..... Elle signifie mot à mot : *ainsi grandement comme à moi Dieu intelligence et force donnera, ainsi défendrai-je ce mien frère*....; ce qui revient à : *autant que Dieu m'en donnera le savoir et le pouvoir, je défendrai mon frère, que voici*.....

Vient ensuite, dans le manuscrit, une lacune. La phrase incidente, *et in adjudha et in cadhuna cosa*, y est entièrement supprimée, ainsi que le nom propre Louis, qui devoit la précéder. C'est une inadvertance du copiste : le dernier mot de la phrase passée étant probablement *ieder, chacun*, il a, sans doute, porté la vue de *bruodher* sur *ieder*, et a omis ainsi une ligne entière; mais, comme la partie omise étoit incidente, la phrase principale n'en est pas moins régulière, et sans le texte roman la lacune ne paroîtroit pas.

Soso, *comme*. (Voy. *So*, pag. 65.)

Man, *on*. *Man*, qui signifie proprement ʜᴏᴍᴏ, est ici un pron. indéfini. Ĥᴏᴍᴏ s'est pris dans le même sens, et a formé notre mot *on*. (Voy. *Om*, pag. 21) *Man* se trouve encore en allem. dans le sens de *on*. Les Flam. disent *men*. Pour ʜᴏᴍᴏ, les Allem. disent *mann* et *mensch*, et les Flam. *mensch* et *man*.

Mit, *avec, selon*. Ce mot se retrouve dans la langue allemande, et les Flam. disent *met*. Selon les Goths, c'est *mith*. Toutes ces formes sont analogues de μιτά.

Rehtu, *droit, justice, équité*, dat. de *rehta*, all. *recht*.

Schœpflin lit *rehtum*. Le manusc. n'est point équivoque.

Sinan, *son, sien*, acc. de *sin*, allem. *sein*.

Bruher, *frère*, le même que *bruodher*. (*Voy*. ce mot, pag. 67). Je crois que la différence d'orthographe vient du copiste, qui aura passé deux lettres en écrivant. Cependant *bruher* pourroit se défendre. Je le laisse subsister.

Fréher, Eckhart, et M. Gley, lisent *bruoder*. C'est *bruadher*, suivant Frickius.

Scal, *doit (il)*, 3ᵉ pers. singul. indic. prés. de *scolan*, allem. *sollen, devoir*.

Frickius lit *seal*.

Avant le mot *scal*, *halden (salvar)* sembleroit avoir été omis par le copiste ; car il est exprimé dans le texte roman : cependant, à cause de la proximité de *hald*, on pourroit l'avoir sous-entendu.

Soso man, mit rehtu, sinan bruher scal signifie mot à mot : *comme on doit, avec la justice, son frère* (sous-entendu *défendre*); c.-à-d., *ainsi qu'on doit, selon l'équité, défendre son frère.*

Thiu, dat. neut. de *ther, ce.* (Voy. *Thes*, pag. 62.)

Thaz, *que*, nom. et acc. neut. de *ther, qui.* (Voy. *Thes*, pag. 62.)

In thiu thaz signifie proprement, *en ce que*, c.-à-d. *pourvu que.*

Er, *lui, il, celui-ci,* pron. de la 3e pers. Les Goths disoient *is*, et les Anglo-Saxons *he.*

Mig, *moi, me,* acc. de *ih, je.* Les All. disent *mich*, et les Flam. *my.* Le verbe suivant régit ce mot à l'acc.

Soma, *pareillement.* Ce mot pourroit bien n'être qu'une faute de copiste: on dit *sama* et *samo. So sama* ou *so samo* signifie, *de même* (mot à mot, *ainsi pareillement*). L'expression *soso man*, qui précède, a pu faire écrire ici *so soma* au lieu de *so sama.* J'ai conservé *so soma*, pour ne rien changer au texte.

Duo, 3e pers. singul. ind. prés. et fut. ou subj. prés. de *duon, faire, traiter;* allem. *thun*, et flam. *doen.*

In thiu thaz er mig so soma duo, signifie mot à mot, *en ce qu'il moi ainsi traite;* c.-à-d., *pourvu qu'il en fasse autant à mon égard.*

Pithou, Schilter, et autres, lisent *inthi utha zermigsoso maduo* (ils suivent les divisions du manusc.); Juste Lipse, *inthi utha zermig soso madno;* Isaac Pontanus, *inthi utha zermigsosono maduo;* Boecler, *inthi utha zer mig so so maduo;* Schœpflin, *inthi uthaz er mig so sin madh.* Tous regardent ce passage comme corrompu. Fréher en sépare les lettres une à une, pour indiquer qu'il ne l'entend pas, et que chacun peut le lire à sa façon. Il ajoute même, dans ses notes,

HÌC AQUA HAERET ; NEC QUIDQUAM EXPEDIO. ÈT QUÎ POSSIM IN LOCO MANIFESTÈ CORRUPTO? Eckhart, M. Gley, et autres, lisent *inthiu*, en un seul mot ; et, au lieu de *so soma*, le premier lit *sosama*, et le second *sosoma*. Frickius lit de même, *inthiu*, et il traduit : *in eo ubi alius negotium faciet* (vel *turbabit*). S'entendoit-il lui-même? Je ne le crois pas. Au lieu de *so soma duo*, on auroit, selon M. Grimm, *soso ma duo*.

Luheren, dat. de *Luher* pour *Ludher*, Lothaire. (*Voy.* ce nom, pag. 34.)

Pithou, Vulcanius, Isaac Pontanus, Schilter, et autres, lisent *Luherem* ; Fréher, Boecler, Eckhart, M. Gley, et ALII, *Lutherem* ; Juste Lipse, *Laherem*. Au lieu de *indi mit*, qui est avant, Juste Lipse lit *indunit*, et Pontanus *indimit*.

Nohheiniu, *nuls*, acc. plur. de *nohhein*. *Nohhein* est composé de *noh*, allem. *noch*, *non*, et de *ein*, *un*. On disoit aussi *nihein*. Avec un verbe de mouvement, *in* gouverne l'accusatif.

Thing, *convention, arrangement, pacte*. *Ding* signifie encore aujourd'hui en allem., *chose, affaire, cause, plaidoirie* ; mais autrefois ses significations étoient plus nombreuses. (Voy. *Plaid*, pag. 34.) *Thing* est censé à l'acc. plur., comme l'adj. qui précède. Lorsqu'en langue francique l'adj. et le subst. se trouvoient joints ensemble, il suffisoit de décliner l'un d'eux. En arménien, c'est encore de même.

Au lieu de *in nohheiniu thing*, Juste Lipse, Isaac Pontanus, et autres, lisent *in nothe in mit hing* ; Eckhart, Fréher, et M. Gley, *inno theinni thing* ; Boecler et Schœpflin, *inno theinni ding* ; M. Grimm, *in notheïniu thing*, etc. Toutes ces leçons sont contraires au manusc. *Nohheïniu* y est très-lisible : au-dessous du second *i*, est le trait oblique qui le détermine. Dans le *fac-simile* de M. de Roquefort, ce trait est pris à contre-sens ; la partie inférieure est la plus large, tandis que c'est la supérieure qui doit l'être.

Gegango, *irai (je)*, 3ᵉ pers. singul. ind. prés. et fut. de *gegangon*, *aller*. On a dit aussi *gangen* et *gan* ; maintenant c'est *gehen*. La particule *ga*, *ge*, *gi*, *ka*, *ke*, *ki*, ou *cha*, *che*, *chi*, est une espèce d'adverbe, qui signifie ᴜɴᴀ, sɪᴍᴜʟ, et qui se met devant le verbe, où souvent elle ne signifie rien. Ainsi, on dit *gegangon* au lieu de *gangon*.

Schilter et autres lisent *nege gango*. Selon Fréher, c'est *negegango*, sans séparation. Cette manière est incorrecte : *ne gegangon* n'est pas d'un usage assez fréquent pour que la négation puisse faire partie du mot. Selon le *fac-simile* de M. de Roquefort, on auroit *nege ganga*. Cette faute provient de ce que la dernière lettre de *gegango* étant couverte d'encre et entièrement illisible, M. de Roquefort a cru devoir y suppléer un *a*. L'*o* étoit préférable. Au surplus, la tache étoit récente ; je l'ai légèrement frottée avec le bout du doigt et un peu de salive ; l'*o* s'est alors parfaitement découvert. Il ne peut plus maintenant exister aucun doute sur ce mot.

Indi mit Luheren in nohheïniu thing ne gegango, signifie donc mot à mot : *et avec Lothaire à aucuns arrangements ne viendrai,* c.-à-d., *et je ne viendrai avec Lothaire à aucun arrangement.*

Zhe, *qui, lesquels*, pour *the*, pl. de *ther*. (Voy. *Thes.*

pag. 62). Peut-être *zhe* n'est-il qu'une faute de copiste. Le *t* et le *z* ayant presque la même forme dans les anciens manuscrits, on a pu les prendre l'un pour l'autre. Au reste, cette supposition est inutile : le *z* et le *t* ont coutume de se remplacer mutuellement. Les divers dialectes de la Germanie fournissent de nombreux exemples de ce changement. Ainsi, le mot *zhe* peut être regardé comme parfaitement régulier.

Aucun commentateur ne me paroît l'avoir entendu. La plupart le prennent dans le sens de *ze* ou *zu*, AD, et le portent sur *minan uuillon*. La phrase, ainsi construite, ne signifie rien, ou du moins est fort obscure.

Minan, *mon, mien*. C'est ici l'abl. de *min*. L'acc. a la même forme. (Voy. *Minan*, pag. 67.)

Au lieu de *zhe, minan*, Juste Lipse, Isaac Pontanus, Schilter, et autres, lisent, *theminam*. Frickius lit de même, ajoutant entre parenthèses : LEG. *ze minan*. Ces deux leçons, également mauvaises, sont contraires au manusc. Au lieu de *minan*, Schœpflin lit *minam*. Cette leçon est inutile.

Uuillon, *vouloir* (infin. pris subst.), allem. *wollen*, flam. *willen*, goth. *willan*.

Minan uuillon, par mon vouloir, de mon vouloir. La prépos. est sous-entendue, comme dans le texte roman. (Voy. *Vol*, pag. 37.)

Frickius lit *uvillon*. On doit écrire ce mot avec deux *u* simples, selon l'usage des Francs.

Imo, *à lui, à celui-ci*, allem. *ihm. Imo* est le dat. de *er*. (Voy. *Er*, pag. 69.)

Ce, *à*, pour *ze*, allem. *zu*. Souvent le *c* et le *z* se mettoient indifféremment l'un pour l'autre.

Scadhen, *dommage*, dat. singul. de *scadh* ou *scadho*, allem. *schad*.

Uuerhen, *soient (ils)*, 3ᵉ pers. plur. subjonct. prés. de *uuerhen* ou *uuerhon*, (scand. *uuæren*, island. *vera*), *être*.

M. Gley et autres lisent *uuerdhen*. Ce changement est d'autant plus inutile, que les deux verbes paroissent avoir la même origine, et ont eu jadis la même signification. (Voy. *Uuirdhit*, dans le serment de l'armée, pag. 80.)

Zhe, minan uuillon, imo ce scadhen uuerhen, signifie mot à mot : *qui, de ma volonté, à celui-ci à dommage soient,* c.-à-d., *qui, de ma volonté, puissent lui être dommageables.*

SERMENT DE L'ARMÉE DE LOUIS.

Oba, *si*, conjonct. On disoit *ob*, devant une voyelle. Cette dernière forme se retrouve en allemand.

Boecler lit *obo*.

Karl, *Charles*. (Pour la signification de ce mot, *voyez* pag. 18.)

Then, *le*, acc. de *ther*. (Voy. *Thes*, pag. 62.)

Eid, *serment*. Les Allem. se servent encore de ce mot. Les Fl. disent *eed*, et les Angl. *oath*. En goth., c'étoit *aith* ; en anglo-s., *ath*, et en scand. *ed* ou *eidur*.

Then, *que*, acc. de *ther, qui*. (Voy. *Thes*, pag. 62.)

Er, *il*. (*Voy*. pag. 69.)

Sinemo, *à son*, dat. de *sin* ; allem. *sein*. (Voy. *sinan*, pag. 68). Au lieu de *sinemo*, on dit maintenant *seinem*.

Schilter, Pithou, Vulcanius, et autres, lisent *si-neno*; c'est un barbarisme qu'on ne trouve point dans le manuscrit. On a mal lu; et le *specimen* de M. de Roquefort est lui-même en défaut.

Habitué à la prépos. latine SINE, le copiste a divisé *sinemo* en deux parties, dont la seconde tient au mot suivant; il a écrit, *sine mobruodher*; et, par quelque frottement, le troisième jambage de l'*m* s'est effacé. On ne voit donc réellement que *sine n obruodher*: mais il est évident que le troisième jambage a existé; car, 1° si la lettre en question étoit une *n*, elle seroit isolée. Or, il n'étoit pas naturel d'écrire une consonne isolément. 2° Il paroît encore un point léger à côté du second jambage de l'*n*, et un peu plus bas que son extrémité. Or, dans ce manusc. la troisième jambe de l'*m* est presque toujours plus longue que les deux autres. 3° Enfin, l'*o* qui suit est commencé par le bas, et il conserve encore un reste de liaison. Or, cette manière de faire l'*o* ne peut avoir lieu que lorsqu'une lettre finissant par le bas, précède immédiatement. Ex. :

Amore, manusc. de Nithard, f°. 13, r°, 1re col., l. 12;
Correpti, ib., etc.

Ainsi, il est évident qu'il faut lire *sinemo*, et non pas *sineno*. Quant au *specimen*, il est fautif, 1° en ce que la légère trace du troisième jambage de l'*m* n'est point marquée; 2° parceque l'*o* n'est pas commencé par le bas, et qu'il ne conserve aucune liaison.

Bruodher, *frère*. (*Voy*. pag. 67.)

Schilter lit *broudher*. Cette forme incorrecte est contraire au manusc. Selon Boecler, ce seroit *bruoder*.

Ludhuuuige, *Louis*, dat. de *Ludhuuuig*. (Pour la signification de ce mot, *voy.* pag. 43.)

Schilter a lu *Ludwige*.

Ludhuuuige est très-lisible dans le manusc. Le copiste avoit d'abord commencé ce mot par une *h*. Il a
ensuite repris la première partie de cette lettre, et l'a
recourbée pour en faire l'*l*. De la seconde partie il a
fait le premier jambage de l'*u*. Quant aux deux *u* qui
suivent, ils sont parfaitement corrects. Dans le *fac-
simile* de M. de Roquefort, ce mot n'est pas recon-
noissable.

Gesuor, *a juré,* 3e pers, singul. ind. parf. de *sueren* ou
suueren, all. *schweren*, flam. *zweeren*, angl. *swear.*
Les Goths disoient *swaran.*

Vulcanius a lu *gezuor*, et Frickius *gesvuor.*

Geleistit, *suit, observe (il),* 3e pers. sing. ind. prés. de
geleisten. Ce verbe est composé de la particule *ge*
(voy. *Gegango*, pag. 71), et de *leisten, suivre, parfaire, exécuter.* Les All. se servent encore de *leisten,*
dans le sens de *faire* et *parfaire.*

Wachter lit *gileistit.*

Reprenons toute la phrase, *oba Karl then eid,
then* etc.; elle signifie mot à mot: *si Charles observe
le serment qu'il a juré à son frère Louis;* ce qui revient à: *si Charles tient le serment qu'il vient de
jurer à son frère Louis.*

Ludhuuuig, *Louis.* Ce mot est ici au nominatif. (Voy.
Ludhuuuige, ci-dessus.)

Schilter a lu *Luduuig.* Le manuscrit n'a rien d'é-
quivoque.

Min, *mon, mien.* (Voy. *Minan*, pag. 67.)

Herro , *seigneur, maître*; anglo-s. *hearra*. Les Allem. disent encore *herr*. *Er* a été employé dans le même sens. Toutes ces formes sont analogues du mot latin HERUS.

Au lieu du mot *gesuor,* qui vient après *imo,* Frickius lit *gesvuor.* Cette leçon inutile est contraire au manusc. Forbrihchit, *rompt, viole (il)*, 3ᵉ pers. sing. ind. prés. et fut. de *forbrihchen.* Ce verbe est composé de *for,* particule intensitive, qui s'écrivoit aussi, *fora, far, fer, fir, furi,* etc. (anglo-s. *fra,* allem. *ver*), et de *brihchen, brechan,* ou *prechan,* allem. *brechen, rompre, briser, scier, violer.*

Fréher lit *forbrichchit;* Eckhart, *forbrichit;* Schilter, *forbrihchid;* Frickius , *for brichchid,* etc. Tout cela est contraire au manuscrit.

Encore ici le *fac-simile* de M. de Roquefort est en défaut : le graveur a oublié de trancher l'*f*, ce qui d'abord m'avoit induit en erreur.

Indi Ludhuuuig, min herro, then er imo gesuor forbrihchit signifie mot à mot, *et Louis, mon seigneur, viole lequel il à lui a juré;* c.-à-d., *et si Louis, mon seigneur, viole celui qu'il lui a juré.*

Ob , *si;* le même que *oba. (Voy.* ce mot, pag. 73.)

Après *ob*, M. Gley lit *ik*, au lieu de *ih.* Cette forme *ik* (qu'on retrouve en flam.) est contraire au manuscrit.

Inan, *le, lui*, acc. de *er.* Les Allem. disent *ihn.* En goth. c'étoit *ina* et *imma;* en anglo-s. *hine.*

Dans le *fac-simile* de M. de Roquefort, ce mot n'est pas bien gravé : on pourroit prendre pour une *m* les deux premières lettres.

Es, *de cela*, gén. neut. de *er*. (*Voy.* ce mot, pag. 69.)

Au lieu de *inan es*, Pithou, Schilter, Frickius, Vulcanius, Schœpflin, et autres, lisent *ina nes*; Fréher, *inanes* (ou selon D. Bouquet, *ina nes*); Boecler, *nianes*. Enfin, Isaac Pontanus lit de même *ina*, et porte *nes* sur le mot suivant.

Iruuenden, *détourner*. Ce verbe est composé de la prépos. *er*, **ex**, qu'on écrivoit aussi *ar, ir, or, ur*, etc., et de *uuenden*, *tourner, détourner;* goth. *wandjan*, anglosax. *wendan*, et all. *wenden*. Au lieu de *iruuenden,* on se sert aujourd'hui de *abwenden.*

Eckhart et Fréher lisent *arwenden*, (M. Gley, *aruuenden*). Schilter, Pithou, Vulcanius, Frickius, Schœpflin, et **alii**, joignent ce mot à la négation suivante : les trois premiers lisent *aruuendenne ;* c'est *arwendenne* suivant les autres. Enfin Isaac Pontanus a lu *nesarwendenne*, y accumulant trois lettres des deux mots qui précèdent.

On voit que la plupart des savants lisent *aruuenden* ou *aruuendenne*. Un point léger, ou plutôt une espèce de tache placée devant *iruuenden*, sembleroit indiquer, en effet, que ce qui nous paroît un *i*, faisoit partie d'un *a* dont la première moitié seroit effacée : mais ce n'est qu'une apparence illusoire ; car, 1° *iruuenden* se trouve répété deux lignes plus bas, avec la même signification. *Aruuenden* et *iruuenden* ont le même sens, il est vrai ; mais la différence des deux formes seroit sans motif. 2° Dans les deux phrases du texte roman, le seul verbe *returnar* est employé sans aucune modification. 3° Enfin, la lettre qui paroît équivoque est très-certainement un *i*. Le second trait d'un *a* seroit plus oblique, et moins court, surtout par le haut. A la vérité les *i* du commencement des mots ont ordinairement, dans ce manusc., la tête droite et forte; mais il y a des exceptions. (Voy. *In*, f° 10, r°, 1ʳᵉ col., l. 18, etc.) D'ailleurs le copiste, n'entendant rien à cette partie du texte, devoit toujours être indécis, soit pour séparer les mots, soit pour les écrire.

Mag, *puis* ou *pourrai* (*je*), 1ʳᵉ pers. sing. ind. prés. et fut. de *magan*, all. *mögen*, *pouvoir*. Le subst. *macht*, *pouvoir*, *puissance*, est dérivé de ce verbe.

Isaac Pontanus lit *mah*. Cette mauvaise leçon est contraire au manusc. Selon Fréher, on liroit *nemag*, au lieu de *ne mag*. On peut employer, je crois, indifféremment l'un ou l'autre.

Ob ih inan es iruuenden ne mag signifie mot à mot : *si je lui de cela détourner ne puis*, c.-à-d., *si je ne le puis détourner de cela* (de cette violation).

Quant au gén. *es*, je dois faire remarquer ici que les Francs employoient le gén. au lieu de l'abl. avec *fon*. Ex. :

Her skancta ce hanton
Sinan fianton
Bitteres lides ;
So uuehin hio *thes libes*.

c.-à-d.

Il versoit à ses ennemis de la coupe d'amertume, et ceux-ci quittoient la vie.

Ode en l'honneur de Louis III, v. 105.

Frickius a traduit *ob ih inan es iruuenden ne mag*, par *quùm ego avertere illum* (**ab aliena mente**)

non potero. C'est une erreur qui provient de l'incertitude de sa fausse leçon.

Noh, *ni*, allem. *noch.* Les Goths disoient *nih*, et les
Anglo-s. *ne.* (Voy. *Nohheiniu*, pag. 70.)

Thero, *le, celui*, le même que *ther* (1). (Voy. *Thes*,
pag. 62, etc.)

Nohhein, *nul, aucun.* (Voy. *Nohheiniu*, pag. 70.)

Eckhart, M. Gley, et autres, suppriment ce mot, je
ne sais pour quel motif. Ils suivent en cela l'opinion
de Frickius ; mais il s'étoit contenté d'indiquer en note
cette leçon. Pithou, Isaac Pontanus, Schilter, Vulcanius, et ALII, lisent *noh hein.*

Noh thero nohhein signifie proprement, *ni le nul,
ni l'aucun*, c.-à-d., *ni aucun. Nohhein* est ici avec le
sens de ALIQUIS, comme *neuls*, dans le texte roman.

Then, *que.* (*Voy.* pag. 73.)

Au lieu de *then ih es*, Pithou, Schilter, Schœpflin,
Vulcanius, et autres, lisent *thenihes.* Tels sont aussi
ces mots dans le texte de Frickius ; mais il pense qu'on
doit lire *theinhes;* sans doute il veut dire *thein hes.*
Eckhart et M. Gley ont adopté cette dernière forme.
Suivant Isaac Pontanus, ce seroit *then ihes.*

Ces mots sont mal gravés dans le *specimen* de M. de
Roquefort; l'*n* et l'*i* paroissent faire ensemble une *m.*
Dans le manuscrit, ces deux lettres sont distinctes.

Frickius écrit le mot suivant, *iruvenden*, au lieu de
iruuenden, et il fait de même par-tout où deux *u* se
trouvent réunis. Selon Fréher, ce seroit *irrwenden.*

----

(1) *Thero* n'est point ici le gén. plur. du pron. démonstratif,
comme le croient quelques savants. Le texte roman s'y oppose.

Uuidhar, *contre*; goth. *withra*, anglo-s. *wither*. Les All. disent encore *wider*, et les Flam. *weder*.

Vulcanius lit *wider*. Dans le *specimen* de M. de Roquefort les deux *u* sont mal formés.

Karle, dat. de *Karl*. (*Voy.* ce mot, pag. 73.)

Follusti, *secours*, subst. neut. dérivé de *follusten* ou *folleisten, secourir*; anglo-s. *fylstan. Folleisten* est lui-même composé de la particule intensitive *foll*, allem. *voll*, BENÈ, PLENÈ, PERFECTÈ, et de *leisten*, PERFICERE, PRAESTARE. Il signifie proprement, BENÈ PRAESTARE, c.-à-d., PRAESTARE OFFICIUM.

Au lieu de *follusti ne*, Pithou, Isaac Pontanus, Schilter, Vulcanius, Schœpflin, et autres, lisent *follus tine*. Selon M. Grimm, c'est *follustine*, d'un seul mot. Cette dernière leçon pourroit se défendre; mais elle est moins conforme au texte roman, et ne présente pas une construction nette. Pour suivre l'ordre des mots du serment de Charles, Fréher fait ici une assez longue transposition; il lit : *imo ce follusti widhar Karle ne wirdhit*. Boecler, Eckhart, M. Gley, et autres, ont adopté cette leçon. Rien cependant de plus absurde. Comment, en effet, dans deux langues différentes, dont le génie et les habitudes sont souvent opposés, les mots pourroient-ils toujours se répondre, non seulement pour le sens, mais encore par leur position? Ne suffit-il pas que la valeur des phrases soit la même?

Uuirdhit, *sera, deviendra*, 3e pers. singul. indic. prés. et fut. (il est presque toujours pris dans ce dernier sens) de *uuirdhen, devenir, être*; (d'où l'all. *werden*). *Uuirdhen*, ou *werden*, paroît avoir donné naissance au verbe scandinave *wæren*, *être*. *Uuirdhit* est une des expressions qui reviennent le plus souvent dans la langue teutonique ; et, comme je viens de le faire observer, on l'emploie presque toujours dans le sens du futur. Ex. :

Ther gilouhit inti gitoufit *uuirdit*, ther *uuirdit* heil ;

c.-à d., Celui qui croira et qui sera baptisé, sera sauvé.

Harm. evangel., chap. 242.

Dans le *specimen* du savant M. de Roquefort, le *t* de *uuirdhit* est mal gravé.

Je reprends maintenant la phrase entière, *noh ih*, *noh thero nohhein*, *then* etc. Elle signifie, mot à mot : *ni moi, ni le aucun que je de cela détourner pourrai, contre Charles, à celui-ci à secours ne deviendra*, c.-à-d., *ni moi ni aucun que je puisse détourner de cette violation, nous ne l'aiderons en rien contre Charles*.

On remarquera, en passant, que *uuirdhit* est à la troisième personne, tandis que *iver*, dans le texte roman, est à la première. L'un se rapporte au second nominatif, et l'autre au premier. En roman, la phrase incidente commence à *ne neuls*; dans le thiois, elle ne commence qu'à *then ih es*.

Cette phrase paroît avoir embarrassé Fréher ; à côté de *noh thero*, etc., il ajoute en note : NEQUE HAEC SATIS LIQUENT. Le célèbre Eckhart traduit : *nec hoc ego aut aliquis nostrûm id impedire poterit, tunc nullum ei auxilium*, etc. Cette phrase est obscure. Selon Frickius, on diroit : *tunc neque ego neque quivis alius tenebor alienari ut sequar aut adjuvem (dominum meum*) *contra Carolum* (*aut Ludovicum*). Ensuite il ajoute : *ita collatis inter sese textibus teutonio et gallicano semi - latino, vertendas formulas puto.* Pour moi, *je ne le crois pas.* Cette traduction n'est qu'une paraphrase à contre-sens.

Quant à M. Gley, voici comment il s'exprime, à partir de *ob ih inan : si je le empêcher ne peux, ni de ceux-ci aucun le arrêter peut, à lui pour secours contre Charles ne serai.* C'est ici qu'on auroit besoin d'un OEdipe plus fin que Thysius.

J'ai promis de donner, comme objet de curiosité, un texte bizarre des deux serments franciques. J'ai de quoi payer ma dette; je n'éprouve que l'embarras du choix. D. Bouquet, Borel, Fauchet, et autres, se présentent sous d'heureux auspices. Je les ai collationnés avec soin : chacun d'eux a ses titres; mais je crois que Fauchet doit avoir la palme. Voici les deux morceaux de sa façon :

Serment de Charles.

In godes nunna induites Christianes folches : indonser hedherogeal nissi fethese moialage fran mordesso franzo mirgot gouuizei indinais furgibit scalddihites auminan brudher soso maumit retha fina bruher seal nithi utha Zerquusoso madero retimat inherer muorhein vit surgueguo gango Zheminan ouillon uni ces eadem vechen.

Serment de l'armée de Louis.

Oba Carlthen er siue nobmodher Ludhunnige gesnor gelcistit nid Ludhunning nus herro theuem mo gesnor farbrrich ehit Dei ina nes renuen denne mag non hi noh theronoch heinthe nihes tru vander mag nuidach Carla nuore follus tuec. nuicdhir.

Voilà qui est à merveille *pour monstrer* (comme le dit Fauchet, dont le texte roman ne vaut pas beaucoup mieux) *les langues qui estoient lors communes és cours de nos princes, à fin que par cét eschantillon chacun puisse cognoistre la corruption qui depuis s'en est faicte.*

Parmi les notes qui forment ce Mémoire, s'il en est de minutieuses, c'étoit inévitable : j'ai dû, autant qu'il m'étoit possible, ne rien laisser à desirer, sur-tout pour le texte roman. Il s'agissoit de lire avec exactitude le plus ancien monument de la langue françoise, d'en donner une juste explication, d'en reconnoître les mots, de distinguer leurs formes, de déterminer leurs rapports grammaticaux, et enfin de prévenir contre les erreurs nombreuses dans lesquelles on avoit coutume de tomber.

De ce travail résultent, non seulement l'explication d'un monument précieux sous tous les rapports, mais encore des observations générales, qui pourront servir de guide pour la lecture de notre vieux langage. Entre autres choses, on a dû remarquer,

1º Qu'au IXe siècle le genre neutre n'avoit pas entièrement disparu ;

2° Qu'à cette même époque, et long-temps après, il existoit encore deux cas; l'un pour le sujet, l'autre pour le régime, direct ou indirect; et que les pronoms personnels en avoient un troisième, pour l'attribution (1);

3° Que la forme de sujet de tout mot tiré du latin provenoit du nominatif, et celle de régime, des cas obliques en général, mais particulièrement de l'accusatif, sauf le cas d'attribution des pronoms personnels, et quelques autres exceptions;

4° Enfin, que les mots françois dont nous nous servons aujourd'hui viennent, la plupart, du cas de régime, celui de sujet ayant presque entièrement disparu.

Dans un Mémoire particulier, j'entrerai dans de plus longs détails sur cette matière. C'est un champ vaste et inculte qui, avec quelques soins, produiroit une ample moisson.

---

(1) Comment ne s'est-on pas aperçu de l'existence des cas de la langue romane? Soigneusement observés jusqu'à la fin du XII⁰ siècle, ce n'est que dans le XIII⁰ qu'ils ont commencé à se perdre. Dans les bons manuscrits, tels que ceux de S. Bernard (de la Bibliothèque du Roi, et du cabinet de M. de Roquefort), on les trouve parfaitement distincts.

FIN.

et ab   Ludher   'ai,   qui,
   abludher . . . . Ft. Bn. Pt. ay Bt. que Ls. Pt. Ft. Ds.
                          V. Sr. Fi. a   Fs.
   abladher . . . . Bl.

meon   vol,   cist   lamno   sit.
        voi Dl.   cest Br. lanno Pt.
                     eist Ps. flamnosit . . . . Bl. Bn.
                     eiss Fi. I
                     dist Bl.
   volcist . . . . Ft. I
   vocist . . . . A.
____
Si   Lodhwigs   son fradre
sy Ft. Ludovigs Bn. Pt. ...ES   fratre O. Sn.
       Luduuigs Ft.   frade Ft.

om   salvar
hom Fr. O. Sa. Ft. Pt. Rt. Ds. Bn. C. B. Bt. Ct. Bt. Rt.
—   Ps. Bl.   Dl. A. Pe. Dx. etc.
                                Bl. Ps. Sr. Pu. Ls.

son fradre om per dreit . . . Ls.

dist;   in   o   fazet:
distino . . . . Fi. Pt.   Fi. Pt. Ft. Bn. fazer Fi.
    ino . . . . . . Ft. Bn. JO. Sr. Ds. Sn. faret Pt. Ft. Bn. E.
               Ds. Sr. PPs. C. B. Bt. R.   O. Sn. Ds. A.
               Br. A. VG. Ls. Br. A.   Br. Fr. Ce. etc.
   moquid . . . . V. Fs. Fr. Rt.
               Ls. Pt. etc.
               Dl.

TABLEAU
DES DIVERSES LEÇONS FAUTIVES QU'ON A SUIVIES JUSQU'A CE JOUR.

Pro   *Deo*   *amur,*   *et pro* *Christian*   *poblo et nostro*
Don Fr. Sr. E. Sa. O. Pt. Bl. Pe.   amor C. Dl. A.   Cristian Vr.
   Br. Dl. G. Fs. M. etc.   amour E.   Christiano Dl.
Deu Bi. A. Ct. Vr.
Des Dx. etc.
Deus Ll.
prodon.....V.

commun   *salvament,*   *d'ist*   *di in*   *avant,*
comun   C. Bl. Ft.   salvamento C. B. Rt. Le. Dl. Dx.   dist OMNES   en P. OMNES.
commum Ba.   schwartz Ft.   — Bl. Cr. Pa.

in   *quant*   *Deus*   *savir*   *et* *podir*   *me* *dunat,*
   quam Le. Dx.   Don Bl. Pt.   sanir Ba. Ce.   potir Fr. Sa. E. Dx. O. Br.
inquant.....Ba. Pt. Ft. Ca.   Des Sr. Fs. Dx.   sæviret.......Le.   pordi Ce.
     Dis Fi.   por di Ba.
     Pars Pt.   prodir Le.

si salvarai-eo   *cist*   *meon* *fradre*   *Karlo,*   *et*
salvareio... Pt. Dl. B, Le. Dx.   cest Fr. Sa. E. Br.   fradra Sa. O. E. Br.   Karolo Sr. Ft.   — Pt. Bl.
salvareïo... Rt.   O. Dx.   Fr. Dl. Fi.   Karle Ba.
salvarejo... C. Ft.   cistmeon...........Ft.   Carlo Ft. Dx.
salvarajo... Dx.
salverio.... Ba. Ce.
salvarai io Bt. Pe.
salvarai jo Ct. Bi.
salvarai eu Ca.
salvarei eo V.
salvara jeo R.
salvarat, eo Fi.
     io .... dist Cr.

in *adjudha*   *et* *in*   *cadhuna*   *cosa,*   *si*   *cum*
ajudha   A.   cad una Ba.   causa Bx.   com Ba. Ft. Pt. Bt. Pe. Dx.
adjudhar Dx.   cùm B.
     sic....un Ca.
     — Dl.

om   *per*   *dreit*   *son* *fradra*   *salvar*
hom Fr. O. Sa. Ft. Pt. Rt. Dl. E. Br. Pe. etc.   por Ba. Ce.   dreiti Pe. Bl.   fradre Ba. C. B. Bt. Ct. Bi. Rt.
—   Pe. Bl.   dreist O.   Bl. A. Pe. Dx. etc.
     droit Ft. Bt. Pe.   frada Bl. Ps. Sr. Pu. Le.
     perdreiot.......Rt.
son fradre om per dreit...................................Le.

dist; in   *o*   *quid*   *il*   *mi*   *altresi*   *fazet:*
distino........Fi. Pt.   qui Ba. Rt. id Ba. Ce.   un Pt. Ft. Ba.   altre si Fi. Pt. Ft. Ba.   fazer Fi.
   ino.....Ft. Ba. E. O. Sa.   Ce.   in Pr.   Ce. Dx.   O. Sr. Dl. Su.   faret Pt. Ft. Ba. E.
     Dx. Sr. Ps. Bl. Pu.   imi O. Fr. Da   Pr. C. B. Bt. R.   O. Sa. Dl. A.
     Br. A. V. Fs. etc.   Br. Sa. E.   G. Le. Br. A.   Bt. Fr. Ce. etc.
   moquid..................Ca.   nun Cu.   V. Fs. Fr. Rt.
     Le. Pa. etc.
     altro si Dl.

et ab   *Ludher*   *nul*   *plaid*   *nunquam*   *prindrai,*   *qui,*

- abludher . . . . . . Ft. Bn. Pt. Pu. Rt. B. Le. V. Sr. Fi. A. Ls. Dx.
- abladher . . . . . . Bi.
- nunquam: numquam De R.; Ls. B. A.
- prindray Bt.   prindra Fs.
- que Ls. Pt. Ft. Dx.

meon   *vol,*   *cist*   *meon*   *fradre*   *Karle*   *in*   *damno*   *sit.*

- voi Dt.
- cest Br.   cist Px. Pu. St.   ciss Fi. Ls.   dist Bi.
- volcist . . . . . . Ft. Ls. Dx.
- vocist . . . . . . A.
- meon: neon Fr.
- Karle: Carle Ft.; Karlo A. Is.; Carlo Dx.; —— Sn. O.
- in damno: danno Pt.; damnosit . . . . . . Bi. Bn.

Si   *Lodhwigs*   *sagrament*   *quæ*   *son*   *fradre*

- sy Ft.
- Ludovigs Bn. Pt.
- Luduuigs Ft.
- Ludwics A.
- Lodhuigs Ct. G.
- Lodhuvigus Cn.
- Lodhuuig Pe. Dx.
- Ludhuuig Bi.
- sagrament: sacrament E. Sn. A. Br. O. Fs. Fc. etc.; sagramment Pe.; sa grammemque . . . . Bi.
- quæ: que OMNES
- son fradre: fratre O. Sn.; frade Fi.

Karlo   *jurat, conservat; et*   *Karlus,*   *meos*   *sendra,*

- Karolo C.
- Carlo Bn. Ft. Dx.
- Karle Pt.
- Karlus: Carlus Bn. Ft.; Carlo Dx.
- meos: meus Pe.; meo Pt. Ce. E. Br. Sn. O. Fr.; meossender . . . . Ft. Dx.; meosender . . . . Bn.; meossendra . . . . Bi.
- sendra: sender Cn.; sandre Pt.

de   *suo*   *part,*   *non*   *los*   *tanit;*   *si*   *jo*   *returnar*

- de: in Bi. Pi.
- suo: sua A. Pa.
- part: parte A.; par Ce. Pt.
- non: nou Ct.; un Bi.; nolo . . . . stanit Ft.
- los: lo A.; lo . . . . stanit B. R. Cn. G. Dz.; lostaint . . . . Bn. Pt.
- tanit: taint Ce.; tenet Sn. O.
- si jo returnar: retournar Bn. Pt.; retornar Ft. Dx.; riturnar Ct.

non   *l'int*   *pois;*   *ne*   *jo*   *ne*   *neuls*   *cui*

- no Dx.
- lnit Bn. Ce.; lo Bi. Re. Pe.; lint OMNES ALII
- nolint . . . . Ft.
- ne jo ne: —— Ft. Dx.
- neuls: nuls Ft. Dx.; veuls Bn. Bi. Pt. De. B. etc.; uls A.; neulscui . . . . Pe. V.
- cui: eui Ft.

co   *returnar*   *int*   *pois, in*   *nulla*   *ajudha*

- jo Ct.
- returnar: retournar Bi. A.; retornar Dx.
- int: nit Fr. E. Sn. O. Br. Ce. etc.; me Bn. Ce.; ni Ft.; inxt Bt. Pe.; ne Dx.; returnarint . . . . Sr. V. Fs.
- pois, in: ni Dz.
- nulla: nula Ft.; nullo Pt.
- ajudha: adjudha Bn. Bi. Sn. O. Br. B. R. Fr. E. Dx. etc.; adjugha Bt. Re. Pe.

contra   *Lodhuwig*   *nun*   *li*   *iver.*

- contra Pe.
- Lodhuvig Bi. Sr. Re.
- Ludunig Ft.
- Ludovig Bn.
- Luduwig Pi.
- Ludwics A.
- Lodhuvignum . . . . Bt.
- Ludhuvignum . . . . Pe.
- nun: num Bi.; non A.; nunli . . . . Dx.; nudi . . . . Ft.; nunliiuer . . . . V.
- li: si C.
- iver: juer C. Pr. Bi. R. etc.; —— Bn.

ɟ   meos   sendra,
I. Ft.   meus Pe.   sender Ce.
C.   meo   Pt. Ce. E. Br. Sa. O. Fr.   sandre Pt.
ɟ   meossender...................... Ft. Dx.
          meosender .... Ba.
          meossendra....................... Bl.

ɑ   tanit;   si   jo   returnar
in   taint Ce.   retournar Ba. Pt.
          tenet Sa. O.   retornar Ft. Dx.
.....stanit Ft.   riturnar Ct.
.....stanit B. R. Ca. G. Da.
.... Ba. Pt.

no   ne   neuls   cui
n- Ft. Dx.   nuls Ft. Dx.   eui Ft.
                      veuls Ba. Bl. Pt. De. B. etc.
                      uls   A.
n   neulscui................. Ps. V.

eois, in   nulla   ajudha
jɔ   ni Dx.   mula Ft.   adjudha Ba. Bl. Sa. O. Br. B. R.
                 nullo Pt.   Fr. E. Dx. etc.
                             adjugha Bt. Re. Pe.

c   li   iver.
c   si C.   juer C. Ps. Bi. R. etc.
                 —— Ba.
.... Dx.
.... Ft.
.... V.

ERRATA.

Page 6, *ligne* 12, arguillous, *lisez* orguillous.
Page 13, *ligne* 22, f° 32, *lisez* f° 82.